Conteúdo digital exclusivo!

Cadastre-se e transforme seus estudos em uma experiência única de aprendizado!

Acesse agora

Portal:
www.editoradobrasil.com.br/crescer

Código de aluno:
3792878A4345746

Lembre-se de que esse código é pessoal e intransferível. Guarde-o com cuidado, pois é a única forma de você utilizar os conteúdos do portal.

Mila T. Perez Basso • Patrícia Cândido

CRESCER
Matemática

2º ano

Editora do Brasil

Dados Internacionais de Catalogação na Publicação (CIP)
(Câmara Brasileira do Livro, SP, Brasil)

Basso, Mila T. Perez
 Crescer matemática, 2º ano / Mila T. Perez Basso, Patrícia Cândido. – 1. ed. – São Paulo: Editora do Brasil, 2018. – (Coleção crescer)

 ISBN 978-85-10-06841-3 (aluno)
 ISBN 978-85-10-06842-0 (professor)

 1. Matemática (Ensino fundamental) I. Cândido, Patrícia. II. Título III. Série.

18-15638 CDD-372.7

Índices para catálogo sistemático:
1. Matemática: Ensino fundamental 372.7
Maria Alice Ferreira – Bibliotecária – CRB-8/7964

1ª edição / 1ª impressão, 2018
Impresso no Parque Gráfico da Editora FTD

Rua Conselheiro Nébias, 887
São Paulo, SP – CEP 01203-001
Fone: +55 11 3226-0211
www.editoradobrasil.com.br

© Editora do Brasil S.A., 2018
Todos os direitos reservados

Direção-geral: Vicente Tortamano Avanso

Direção editorial: Felipe Ramos Poletti
Gerência editorial: Erika Caldin
Coordenação de arte: Cida Alves
Supervisão de revisão: Dora Helena Feres
Supervisão de iconografia: Léo Burgos
Supervisão de digital: Ethel Shuña Queiroz
Supervisão de controle de processos editoriais: Marta Dias Portero
Supervisão de direitos autorais: Marilisa Bertolone Mendes

Supervisão editorial: Valéria Elvira Prete
Coordenação pedagógica: Maria Cecília Mendes de Almeida
Consultoria técnico-pedagógica: Humberto Luis de Jesus
Edição: Rodrigo Pessota, Solange Martins e Daniela Benites
Assistência editorial: Cristina Silva dos Santos
Auxílio editorial: Fernanda Carvalho
Coordenação de revisão: Otacilio Palareti
Copidesque: Gisélia Costa, Ricardo Liberal e Sylmara Beletti
Revisão: Alexandra Resende e Elaine Cristina da Silva
Pesquisa iconográfica: Amanda Felício
Assistência de arte: Letícia Santos
Design gráfico: Andrea Melo
Capa: Megalo Design e Patrícia Lino
Imagem de capa: Luna Vicente
Ilustrações: André Martins, Bruna Ishihara, Carlos Jorge, Cibele Santos, Eduardo Borges, Estúdio Boom/Beto Soares, Hélio Senatore, Henrique Brum, Ilustra Cartoon, Luciano Soares, Márcio Rocha, Marco Cortez, Mario Pita, Rafaella Bueno, Ronaldo Barata e Vanessa Alexandre
Coordenação de editoração eletrônica: Abdonildo José de Lima Santos
Editoração eletrônica: Setup
Licenciamentos de textos: Cinthya Utiyama, Jennifer Xavier, Paula Harue e Renata Garbellini
Controle de processos editoriais: Bruna Alves, Carlos Nunes, Jefferson Galdino, Rafael Machado e Stephanie Paparella

QUERIDO ALUNO,

ESTA COLEÇÃO FOI PENSADA COM MUITO CARINHO PARA QUE VOCÊ POSSA APRENDER E FAZER MATEMÁTICA TANTO NA ESCOLA QUANTO NO SEU DIA A DIA.

EM TODO O LIVRO VOCÊ ENCONTRARÁ MUITAS PROPOSTAS DE RESOLUÇÃO DE PROBLEMAS. O OBJETIVO É QUE VOCÊ SE SINTA CONFIANTE EM REALIZAR DESAFIOS QUE O AJUDARÃO A COMPREENDER A DISCIPLINA.

AS ATIVIDADES POSSIBILITARÃO A VOCÊ APRENDER MAIS E MAIS MATEMÁTICA, POR MEIO DE TEXTOS, IMAGENS, JOGOS, MATERIAIS MANIPULÁVEIS, OBRAS DE ARTE, BRINCADEIRAS, *SOFTWARES*, LIVROS DE HISTÓRIA, ENTRE OUTROS RECURSOS.

APROVEITE AS SITUAÇÕES DE TRABALHO INDIVIDUAL E EM GRUPO PARA SE COMUNICAR, TIRAR DÚVIDAS E COMENTAR COM OS COLEGAS E PROFESSORES O QUE APRENDEU. TUDO ISSO O AJUDARÁ A TER MAIS SEGURANÇA COMO ESTUDANTE E EM OUTRAS SITUAÇÕES NA VIDA.

DESEJAMOS QUE VOCÊ VIVA INTENSAMENTE ESSAS EXPERIÊNCIAS. ESTAMOS TORCENDO POR SEU SUCESSO!

AS AUTORAS

SUMÁRIO

UNIDADE 1
COMO É SUA CASA? 7
OS NÚMEROS EM NOSSA VIDA..... 8
COMPARAÇÃO DE QUANTIDADES 10
ANTECESSOR E SUCESSOR............ 11
   NÚMEROS ORDINAIS..................... 12
   JOGO – TABULEIRO DE NÚMEROS... 15
GRANDEZAS E MEDIDAS................ 18
   MEDIDA DE TEMPO........................ 18
   GIRAMUNDO – LÁ VEM O SOL........... 21
APRENDER A USAR A RÉGUA 22
   DIFERENTES TRAÇOS COM A RÉGUA............................. 22
COLEÇÃO DE PROBLEMAS 24
RETOMADA............................. 26
PERISCÓPIO............................. 28

UNIDADE 2
DESAFIO DO MOSAICO... 29
FIGURAS GEOMÉTRICAS PLANAS 30
   FIGURAS GEOMÉTRICAS PLANAS EM UMA OBRA DE ARTE........... 30
   FIGURAS GEOMÉTRICAS PLANAS E SUAS PROPRIEDADES............. 31
GRUPOS DE 10 35
DECOMPOSIÇÃO DE NÚMEROS.............................. 38
DEZENA 39
SOMAS DE 10 41
ADIÇÃO COM RETA NUMÉRICA... 43
GRANDEZAS E MEDIDAS............. 44
O CALENDÁRIO DO MÊS 44
COLEÇÃO DE PROBLEMAS 45
RETOMADA............................. 46
PERISCÓPIO............................. 48

UNIDADE 3
CONVERSANDO SOBRE MEDIDAS....................... 49
GRANDEZAS E MEDIDAS.............. 50
   MEDINDO COMPRIMENTO 50
SEQUÊNCIA NUMÉRICA E COMPARAÇÃO DE NÚMEROS 53
SOMANDO 7 55
SOMANDO 8 55
SOMANDO 9 55
   JOGO – BINGO 59
   ESTIMATIVA – QUANTOS SELOS? ... 61
FIGURAS GEOMÉTRICAS ESPACIAIS 62
   CONSTRUÇÃO COM CAIXAS........ 62
COLEÇÃO DE PROBLEMAS 64
RETOMADA............................. 66
PERISCÓPIO............................. 68

UNIDADE 4
PASSEIO NO PARQUE..... 69

GRANDEZAS E MEDIDAS............. 70

MEDINDO COM A RÉGUA............. 70

SISTEMA MONETÁRIO 74

EDUCAÇÃO FINANCEIRA............... 76

NÚMEROS ATÉ 100.................... 78

SEQUÊNCIAS E SEUS
SEGREDOS..................... 79

JOGO – QUEM É MAIOR? 80

SUBTRAÇÃO.................... 83

DESLOCAMENTOS E
TRAJETOS 85

RETA NUMÉRICA E
SUBTRAÇÃO 86

ESTIMATIVA – QUANTAS
BOLINHAS? 87

PROBABILIDADE E
ESTATÍSTICA..................... 88

TABELA E GRÁFICO 88

COLEÇÃO DE PROBLEMAS 89

RETOMADA 92

PERISCÓPIO 94

UNIDADE 5
CAMINHANDO PELA PRAÇA 95

FIGURAS GEOMÉTRICAS
ESPACIAIS 96

FORMAS E SUAS
PROPRIEDADES 96

LOCALIZAÇÃO ESPACIAL............. 99

COMPRANDO COM NOSSO
DINHEIRO.....................101

PROBABILIDADE E
ESTATÍSTICA.....................102

ANALISANDO UM GRÁFICO 102

CONTANDO DE DIFERENTES
MANEIRAS 105

CALCULANDO.....................106

ESTIMATIVA 107

COLEÇÃO DE PROBLEMAS 108

RETOMADA..................... 110

PERISCÓPIO.....................112

UNIDADE 6
CAÇA AO TESOURO....... 113

O SISTEMA DE NUMERAÇÃO
DECIMAL E AS OPERAÇÕES..... 114

A ADIÇÃO E AS TROCAS
EM NOSSO SISTEMA DE
NUMERAÇÃO..................... 114

JOGO – NÃO PODEM SER
10 UNIDADES! 117

MEDIDA DE MASSA 122

TROCAS COM NOSSO
DINHEIRO 124

FIGURAS GEOMÉTRICAS
ESPACIAIS 125

GRÁFICO.....................127

COLEÇÃO DE PROBLEMAS 129

RETOMADA..................... 132

PERISCÓPIO.....................134

LORELYN MEDINA/SHUTTERSTOCK.COM

UNIDADE 7
ARTE POR TODOS OS CANTOS 135
- A ESTRUTURA DAS FIGURAS GEOMÉTRICAS ESPACIAIS 136
- MEDIDA DE MASSA 138
- HORA 140
- CALENDÁRIO 143
- MULTIPLICAÇÃO 144
  - **JOGO** – JOGO DE ARGOLAS – TABUADA DO 2 146
- DOBRO 150
  - MASSINHA DE MODELAR CASEIRA 150
- TABUADA DO 4 152
  - **JOGO** – PLACAS E BOLINHAS 153
- ATÉ 100 155
- SUBTRAÇÃO 157
  - **ESTIMATIVA** – GELEIA DE LARANJA! 162
  - **COLEÇÃO DE PROBLEMAS** 163
- **RETOMADA** 166
  - **CONSTRUIR UM MUNDO MELHOR** – COMER, COMER! 168
- **PERISCÓPIO** 170

UNIDADE 8
SIM, NÃO OU TALVEZ? 171
- ATÉ 200 172
- ATÉ 1000 173
- FICHAS DE NÚMEROS 174
- COMPARAÇÃO DE QUANTIDADE 176
- PAR OU ÍMPAR 177
- TABUADA DO 3 181
- TRIPLO 183
- TABUADA DO 5 184
- METADE E TERÇA PARTE 185
  - **CÁLCULO MENTAL** 187
- PODE ACONTECER OU NÃO PODE ACONTECER? 188
- DIVISÃO 189
- MEDIDAS DE CAPACIDADE 191
  - MISTURAS DELICIOSAS! 191
- ESTIMAR E MEDIR COMPRIMENTOS 194
  - **COLEÇÃO DE PROBLEMAS** 197
- **RETOMADA** 198
- **PERISCÓPIO** 200

REFERÊNCIAS 201
MATERIAL COMPLEMENTAR 203

UNIDADE 1
COMO É SUA CASA?

1. LIGUE CADA CRIANÇA À CASA EM QUE ELA MORA.
   - PAULO MORA EM UMA CASA QUE TEM TELHADO VERMELHO.
   - LARA MORA EM UMA CASA QUE É PINTADA DE BRANCO E QUE TEM UM JARDIM NA FRENTE.
   - E RUTE MORA EM UMA CASA QUE É PINTADA DA MESMA COR DO VESTIDO DELA.

PAULO

LARA

RUTE

OS NÚMEROS EM NOSSA VIDA

1. OBSERVE A CENA:

A) ENCONTRE OS NÚMEROS QUE APARECEM NA CENA.

B) PARA QUE ESSES NÚMEROS ESTÃO SENDO USADOS? ELES TÊM A MESMA FUNÇÃO? CONVERSE COM OS COLEGAS E O PROFESSOR.

2. OBSERVE AS CENAS DE OUTROS SUPERMERCADOS E FAÇA O QUE SE PEDE.

A) CONTORNE O SABÃO DE MENOR VALOR.

B) SE VOCÊ QUISESSE COMPRAR O SABÃO MAIS BARATO, QUAL DOS DOIS VOCÊ LEVARIA? POR QUÊ?

C) QUANTOS PRODUTOS ROSANA ESTÁ COMPRANDO? _____

D) HÁ PRODUTOS NO CARRINHO DE ROSANA?

☐ SIM. ☐ NÃO.

E) QUAL ALGARISMO USAMOS PARA REPRESENTAR A QUANTIDADE DE PRODUTOS DO CARRINHO DE ROSANA? _____

F) QUANTO CUSTARAM OS DOIS PACOTES DE FRALDAS? E O LEITE?

COMPARAÇÃO DE QUANTIDADES

1. OBSERVE OS CARRINHOS DE SUPERMERCADO DE HUMBERTO E DE AMANDA.

A) QUANTOS PRODUTOS HUMBERTO COMPROU?

_____

B) QUANTOS PRODUTOS AMANDA COMPROU?

_____

C) CONTORNE O CARRINHO DE QUEM COMPROU MAIS PRODUTOS NO SUPERMERCADO. QUANTOS PRODUTOS A MAIS ESSA PESSOA COMPROU?

_____

D) COMPLETE O CARRINHO DE QUEM TEM MENOS PRODUTOS PARA QUE OS DOIS FIQUEM COM A MESMA QUANTIDADE.

ANTECESSOR E SUCESSOR

PARA SABER **O NÚMERO QUE VEM IMEDIATAMENTE DEPOIS** DE OUTRO, **ACRESCENTAMOS 1** A ELE.

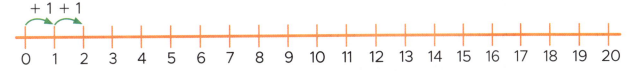

AGORA CONTORNE O NÚMERO 10.

> O NÚMERO 11 ESTÁ **IMEDIATAMENTE DEPOIS** DO NÚMERO 10. ENTÃO, O NÚMERO 11 É O **SUCESSOR** DO NÚMERO 10.

PARA SABER **O NÚMERO QUE VEM IMEDIATAMENTE ANTES** DE OUTRO, **RETIRAMOS 1** DELE.

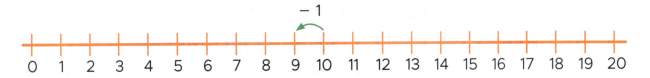

> O NÚMERO 9 ESTÁ **IMEDIATAMENTE ANTES** DO NÚMERO 10. ENTÃO, O NÚMERO 9 É O **ANTECESSOR** DO NÚMERO 10.

1. ESCREVA O ANTECESSOR E O SUCESSOR DE CADA NÚMERO A SEGUIR.

   A) _____ 5 _____   **B)** _____ 15 _____   **C)** _____ 18 _____

2. NO JOGO DE BOLICHE, RODRIGO CONSEGUIU 17 PONTOS. FERNANDA CONSEGUIU 1 PONTO A MAIS DO QUE RODRIGO; E TIAGO, 1 A MENOS DO QUE RODRIGO. QUEM GANHOU O JOGO?

NÚMEROS ORDINAIS

LEIA O TEXTO A SEGUIR.

OS PAPÕES

QUEM CONHECE OS PAPÕES,
DEZ AMIGOS COMILÕES?
O PRIMEIRO – COME BRIGADEIRO,
O SEGUNDO – É UM SACO SEM FUNDO,
O TERCEIRO – COME O DIA INTEIRO,
O QUARTO – NUNCA ESTÁ FARTO,
O QUINTO – NEM APERTA O CINTO,
O SEXTO – COME SEM PRETEXTO,
O SÉTIMO – ENGOLE NUM ÁTIMO,
O OITAVO – SE NÃO COME, FICA BRAVO,
O NONO – DA COMIDA É O DONO,
O DÉCIMO – COME ATÉ O QUE É PÉSSIMO!

ROSANE PAMPLONA. *CONTE AQUI QUE EU CANTO LÁ.*
SÃO PAULO: MELHORAMENTOS, 2013.

OBSERVE O NOME DE CADA UM DOS PAPÕES. ELES INDICAM A ORDEM DOS DEZ AMIGOS. ESSA ORDEM PODE SER REPRESENTADA ASSIM:

PRIMEIRO OU 1º	SEXTO OU 6º
SEGUNDO OU 2º	SÉTIMO OU 7º
TERCEIRO OU 3º	OITAVO OU 8º
QUARTO OU 4º	NONO OU 9º
QUINTO OU 5º	DÉCIMO OU 10º

1. VEJA OS PAPÕES E COMPLETE O QUADRO INDICANDO A ORDEM EM QUE ELES APARECEM NO POEMA.

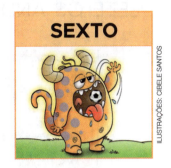
SEXTO

SEGUNDO

SÉTIMO

QUINTO

13

2. TODOS OS PAPÕES MORAM NO MESMO PRÉDIO, CADA UM EM UM ANDAR, DO PRIMEIRO AO DÉCIMO. COMPLETE OS ANDARES QUE FALTA INDICAR.

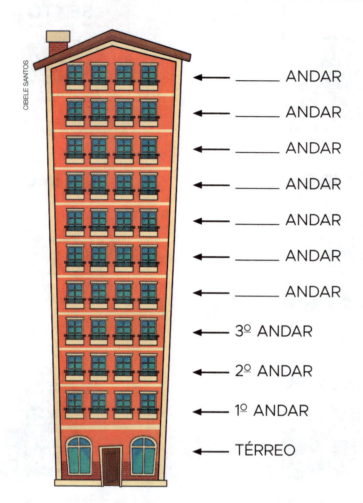

3. OS PAPÕES GOSTAM DE VISITAR UNS AOS OUTROS. COMPLETE AS SENTENÇAS:

A) O 3º PAPÃO, QUE COME O DIA INTEIRO, SUBIU TRÊS ANDARES E CHEGOU À CASA DO _____ PAPÃO.

B) O 4º PAPÃO, QUE NUNCA ESTÁ FARTO, QUERIA MUITO COMER BRIGADEIRO, POR ISSO DESCEU TRÊS ANDARES PARA VISITAR O _____ PAPÃO.

C) O 10º PAPÃO, CANSADO DE COMER O QUE É PÉSSIMO, DESCEU SEIS ANDARES PARA VISITAR O _____ PAPÃO.

JOGO

TABULEIRO DE NÚMEROS

PARTICIPANTES:

- DE 2 A 5 ALUNOS.

MATERIAL:

- 1 TABULEIRO DO JOGO POR PARTICIPANTE;
- 2 DADOS DA PÁGINA 203, DO **MATERIAL COMPLEMENTAR**;
- 1 LÁPIS POR PARTICIPANTE.

COMO JOGAR

1. CADA JOGADOR DEVERÁ TER SEU TABULEIRO.
2. DECIDE-SE QUEM COMEÇARÁ O JOGO.
3. CADA JOGADOR, NA SUA VEZ, LANÇA OS DOIS DADOS AO MESMO TEMPO, ADICIONA OS PONTOS TIRADOS E MARCA O NÚMERO QUE REPRESENTA O TOTAL OBTIDO.
4. GANHA QUEM PREENCHER PRIMEIRO TODO O SEU TABULEIRO.

TABULEIRO

11	11	12	12	12	13	13
13	14	15	16	17	18	18
19	19	20	20	20	21	21

HELENA E MANUELA JOGARAM UMA PARTIDA DE **TABULEIRO DE NÚMEROS**.

MANUELA TIROU:

- PARA DESCOBRIR QUAL NÚMERO MARCAR NO TABULEIRO, ELA FEZ UM RISQUINHO PARA CADA PONTO TIRADO NOS DADOS E DESCOBRIU QUE DEVERIA MARCAR O _____.

HELENA MOSTROU A MANUELA COMO ELA FAZIA PARA DESCOBRIR QUAL NÚMERO MARCAR SEM PRECISAR FAZER RISQUINHOS PARA INDICAR OS PONTOS DE CADA DADO.

PRIMEIRO EU VEJO QUAL DADO TEM O MAIOR NÚMERO E DIGO A QUANTIDADE EM VOZ ALTA. DEPOIS, CONTO PELOS DEDOS A QUANTIDADE DO OUTRO DADO, QUE TEM O MENOR NÚMERO, A PARTIR DA QUANTIDADE DO PRIMEIRO DADO.

AH! QUE BOA IDEIA! ENTÃO EU DIGO 13 E DEPOIS CONTINUO NOS DEDOS: 14, 15, 16, 17 E 18!

13 MAIS 5 É IGUAL A 18 OU 13 + 5 = 18
CHAMAMOS ESSA ESCRITA DE **SENTENÇA MATEMÁTICA**.

1. REPRESENTE AS JOGADAS QUE MANUELA E HELENA FIZERAM.

MANUELA	3 12	____ MAIS 12 É IGUAL A ____ ____ + 12 = ____
	15 1	____ MAIS 1 É IGUAL A ____ ____ + 1 = ____
HELENA	14 5	14 MAIS ____ É IGUAL A ____ 14 + ____ = ____
	6 10	____ MAIS ____ É IGUAL A ____ ____ + ____ = ____

2. OBSERVE AS IMAGENS E ESCREVA AS SENTENÇAS MATEMÁTICAS E OS TOTAIS, COMO NO MODELO.

AS IMAGENS NÃO ESTÃO REPRESENTADAS EM PROPORÇÃO.

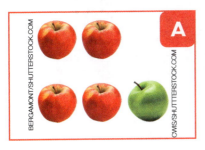

4 + 1 = 5   ___ + ___ = ___   ___ + ___ = ___

5 MAÇÃS   ___ CARRINHOS   ___ CRIANÇAS

___ + ___ = ___   ___ + ___ = ___   ___ + ___ = ___

___ BRINQUEDOS   ___ PÁSSAROS   ___ BORBOLETAS

GRANDEZAS E MEDIDAS

MEDIDA DE TEMPO

1. VEJA O CALENDÁRIO A SEGUIR, COM A REPRESENTAÇÃO DE TODOS OS MESES DO ANO:

CARLOS JORGE

AGORA FAÇA O QUE SE PEDE.

A) DE QUE ANO É ESSE CALENDÁRIO? _____

B) QUAL É O PRIMEIRO MÊS DO ANO? _____

C) E O ÚLTIMO? _____

D) O ANO TEM _____ MESES.

E) EM QUAL MÊS VOCÊ FAZ ANIVERSÁRIO? EM QUAL DIA? LOCALIZE A DATA DE SEU ANIVERSÁRIO NO CALENDÁRIO E PINTE-A DA COR DE QUE MAIS GOSTA.

2. VEJA O CARTAZ DE ANIVERSARIANTES DA TURMA QUE OS ALUNOS DA PROFESSORA VÂNIA MONTARAM:

JANEIRO	FEVEREIRO	MARÇO	ABRIL	MAIO	JUNHO
7 - Francisco 15 - Dora	25 - Carlos 27 - Renato	5 - Caio	11 - Giovana	19 - Jeremias	12 - Mariana
JULHO	AGOSTO	SETEMBRO	OUTUBRO	NOVEMBRO	DEZEMBRO
3 - Helena 20 - Érica	14 - Ronaldo 20 - Maria	17 - Cláudia 18 - Roseli	2 - Sérgio	30 - Patrícia	4 - Pietro 4 - André 26 - Valquíria

CARLOS JORGE

A) COM OS COLEGAS, AJUDE O PROFESSOR A ORGANIZAR UMA LISTA COM O NOME DE TODOS OS MESES DO ANO. DEPOIS, MONTEM JUNTOS UM CARTAZ COM OS ANIVERSARIANTES DA TURMA, COMO OS ALUNOS DA PROFESSORA VÂNIA FIZERAM. CADA UM ESCREVERÁ SEU NOME E O DIA DE SEU ANIVERSÁRIO NO CARTAZ.

B) QUANDO O CARTAZ FICAR PRONTO, RESPONDA:

• ALGUÉM FAZ ANIVERSÁRIO NO MESMO MÊS QUE VOCÊ?

_____

• QUAL É O MÊS COM MAIS ANIVERSARIANTES?

_____

• E COM MENOS ANIVERSARIANTES? HÁ ALGUM MÊS SEM ANIVERSARIANTES?

_____

• QUEM SERÁ O PRÓXIMO COLEGA DA TURMA A FAZER ANIVERSÁRIO?

_____

3. OBSERVE A IMAGEM.

A) QUAL É O NOME DESSE MÊS? _____

B) QUANTOS DIAS TEM ESSE MÊS? _____

C) EM QUAL DIA DA SEMANA ELE COMEÇA?

_____

D) EM QUAL DIA DA SEMANA ELE TERMINA?

_____

E) SE HOJE FOSSE DIA 12, QUE DIA SERIA DAQUI A 7 DIAS? _____

F) SE HOJE FOSSE DIA 18, QUE DIA SERIA DAQUI A 10 DIAS? _____

GIRAMUNDO

LÁ VEM O SOL...

VOCÊ JÁ PENSOU POR QUE EXISTE O DIA E POR QUE EXISTE A NOITE?

DURANTE O DIA, OS LUGARES DO PLANETA TERRA QUE SÃO ILUMINADOS PELO SOL FICAM CLAROS. JÁ DURANTE A NOITE, OS LUGARES DO NOSSO PLANETA QUE NÃO SÃO ILUMINADOS PELO SOL FICAM ESCUROS. AÍ, NESSES LUGARES, SERÁ NOITE.

ISSO ACONTECE PORQUE A TERRA GIRA EM TORNO DELA MESMA. NÓS NÃO PERCEBEMOS ESSE MOVIMENTO PORQUE ELA GIRA LENTAMENTE E DE MANEIRA UNIFORME. ENQUANTO DE UM LADO DO PLANETA É DIA, DO OUTRO LADO É NOITE.

APRENDER A USAR A RÉGUA

DIFERENTES TRAÇOS COM A RÉGUA

1. PEGUE SUA RÉGUA E, COM UM COLEGA, EXPLORE DIFERENTES TRAÇOS QUE VOCÊS PODEM FAZER COM ELA NO CADERNO. APROVEITE PARA OBSERVAR COMO SEU COLEGA SEGURA E POSICIONA A RÉGUA PARA FAZER OS TRAÇOS.
ESCOLHA ALGUNS DOS TRAÇOS QUE VOCÊ DESENHOU PARA FAZER NO ESPAÇO ABAIXO:

2. VEJA A IMAGEM A SEGUIR.

OBSERVE QUE ALGUNS DEDOS DE UMA DAS MÃOS DA PESSOA ESTÃO APOIADOS SOBRE A RÉGUA. COM A OUTRA MÃO, USANDO UM LÁPIS, É TRAÇADA UMA LINHA. RESPONDA:

A) POR QUE ALGUNS DEDOS PRECISAM FICAR APOIADOS SOBRE A RÉGUA?

_____

_____

B) VOCÊ TAMBÉM APOIA OS DEDOS PARA FAZER TRAÇOS COM A RÉGUA?

_____

3. USANDO A RÉGUA, COPIE AS LINHAS DESENHADAS A SEGUIR.

AGORA RESPONDA:

A) COMO VOCÊ POSICIONOU A RÉGUA PARA FAZER CADA UMA DAS LINHAS?

B) VOCÊ SEGUROU A RÉGUA COM OS DEDOS?

C) VOCÊ SENTIU DIFICULDADE EM USAR A RÉGUA EM ALGUMA POSIÇÃO? POR QUÊ?

4. COMPLETE AS FIGURAS GEOMÉTRICAS DESENHADAS USANDO A RÉGUA.

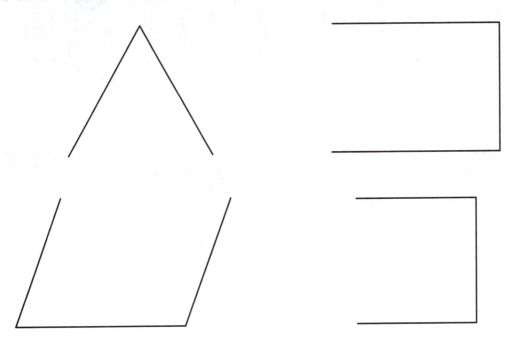

23

COLEÇÃO DE PROBLEMAS

1. QUATRO NADADORES PARTICIPARAM DE UMA COMPETIÇÃO. LEIA AS PISTAS A SEGUIR E DESCUBRA A ORDEM DE CHEGADA DE CADA UM DELES.
   - PEDRO FOI O PRIMEIRO A BATER NA MARGEM DA PISCINA.
   - RAFAEL CHEGOU LOGO DEPOIS DE PEDRO.
   - ARTUR CHEGOU DEPOIS DE RAFAEL E ANTES DE JOÃO.

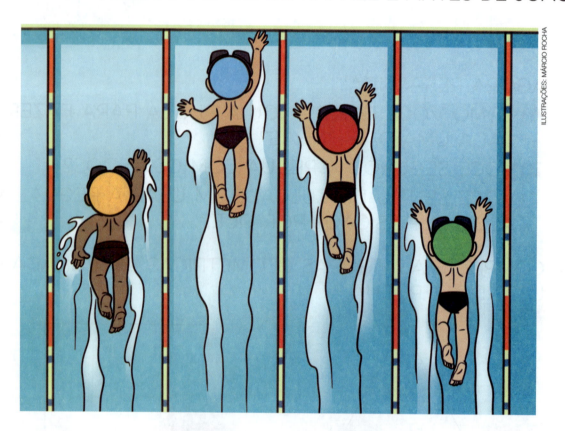

1º LUGAR

2º LUGAR

3º LUGAR

4º LUGAR

2. O QUE VOCÊ FARIA SE ESTIVESSE CAMINHANDO NA RUA E COMEÇASSE A CHOVER? DESENHE.

3. CÉLIA TEM 10 LARANJAS, 7 BANANAS, 1 ABACAXI E 6 PERAS. QUANTAS FRUTAS CÉLIA TEM?

4. EM UMA FAZENDA HÁ 12 PORCOS E 15 OVELHAS. O QUE HÁ MAIS? MARQUE A RESPOSTA COM UM **X**.

AS IMAGENS NÃO ESTÃO REPRESENTADAS EM PROPORÇÃO.

25

RETOMADA

1. OBSERVE A RETA NUMÉRICA E COMPLETE CADA ITEM COM O ANTECESSOR E O SUCESSOR DE CADA NÚMERO.

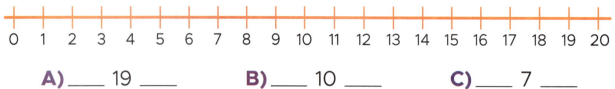

A) ___ 19 ___   B) ___ 10 ___   C) ___ 7 ___

2. OBSERVE AS SENTENÇAS MATEMÁTICAS E CRIE DESENHOS PARA REPRESENTÁ-LAS.

| 7 + 1 = 8 | 3 + 3 = 6 |

3. COMPLETE O DIAGRAMA DE PALAVRAS.

   1. NOME DO 1º MÊS DO ANO.
   2. MÊS COM MENOR NÚMERO DE DIAS.
   3. QUANTIDADE DE MESES QUE HÁ EM UM ANO.
   4. NOME DO 3º MÊS DO ANO.

CALENDÁRIO

26

4. OBSERVE E NUMERE AS CENAS NA ORDEM EM QUE OS FATOS ACONTECERAM.

_____ CENA

_____ CENA   _____ CENA

1ª CENA

_____ CENA

5. REPRODUZA A FIGURA NA MALHA A SEGUIR USANDO A RÉGUA.

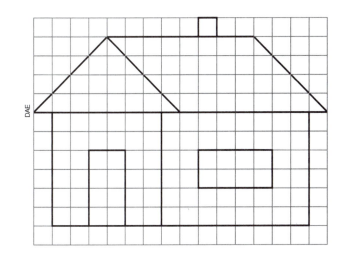
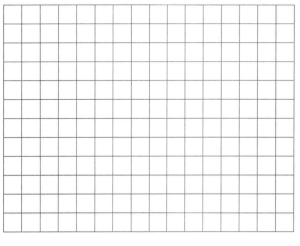

PARA LER

O MUNDO MÁGICO DOS NÚMEROS, DE JUNG SUN-HYE. SÃO PAULO: CALLIS, 2008. COLEÇÃO TAN TAN.
COM ESSE LIVRO VOCÊ PODERÁ MEMORIZAR A FORMA DOS ALGARISMOS, ALÉM DE TREINAR A ESCRITA DE CADA UM DELES.

QUEM SERÁ QUE TEM MAIS OVOS?, DE KIM HAE WEON. SÃO PAULO: CALLIS, 2012. COLEÇÃO TAN TAN.
NESSE LIVRO VOCÊ SERÁ CONVIDADO A DESCOBRIR, COM O VOVÔ E A VOVÓ, QUAL DAS GALINHAS DA FAZENDA BOTA MAIS OVOS.

DEDINHOS OCUPADOS, DE HYE EUN SHIN E JIN JU SHIN. SÃO PAULO: CALLIS, 2009. COLEÇÃO TAN TAN.
O LIVRO INICIA A CRIANÇA NA CONTAGEM DOS NÚMEROS, ENSINANDO-A A USAR OS PRÓPRIOS DEDOS PARA CONTAR ÁRVORES, CARROS, ANIMAIS E MUITAS OUTRAS COISAS QUE ESTÃO À SUA VOLTA.

DESAFIO DO MOSAICO

O MOSAICO É UMA ARTE QUE USA PEQUENOS PEDAÇOS DE VIDRO, CERÂMICA OU OUTROS MATERIAIS PARA COMPOR FIGURAS DECORATIVAS.

O ARTISTA CATALÃO ANTONI GAUDÍ FEZ OBRAS MARAVILHOSAS UTILIZANDO ESSA TÉCNICA. VEJA UMA DELAS:

ANTONI GAUDÍ. *O DRAGÃO*. ESCULTURA REVESTIDA DE MOSAICO DE CERÂMICA, 1914. PARQUE GÜELL, BARCELONA, ESPANHA.

1. IMITANDO A ARTE DO MOSAICO, VAMOS COLORIR O DRAGÃO ABAIXO PARA DEIXÁ-LO BEM BONITO. UTILIZE AS CORES VERMELHA, AZUL, AMARELA E VERDE. MAS ATENÇÃO: AS PARTES VERMELHAS E AMARELAS NUNCA PODEM SE ENCONTRAR!

FIGURAS GEOMÉTRICAS PLANAS

FIGURAS GEOMÉTRICAS PLANAS EM UMA OBRA DE ARTE

1. OBSERVE A OBRA DO ARTISTA PAUL KLEE:

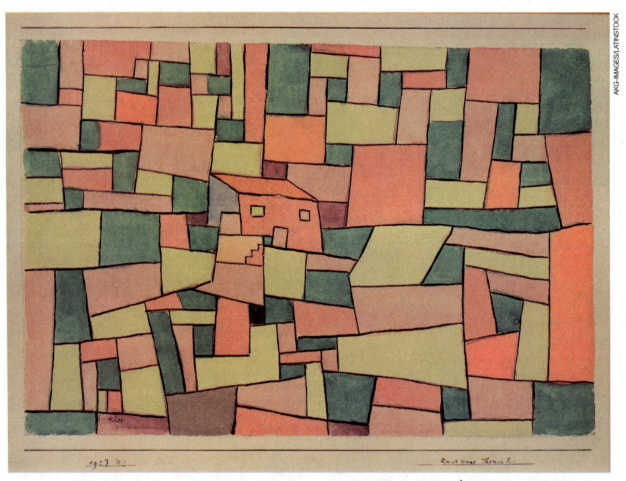

PAUL KLEE. *LANDHAUS THOMAS R.*, 1927. AQUARELA, TINTA E LÁPIS SOBRE PAPEL, 31,1 CM × 46,7 CM.

- NELA ENCONTRAMOS DIFERENTES FIGURAS GEOMÉTRICAS PLANAS. O QUE VOCÊ SABE SOBRE AS FIGURAS QUE ESTÃO NESSA OBRA?

FIGURAS GEOMÉTRICAS PLANAS E SUAS PROPRIEDADES

1. CONTE A QUANTIDADE DE LADOS DE CADA FIGURA GEOMÉTRICA E ESCREVA O NÚMERO DENTRO DELA.

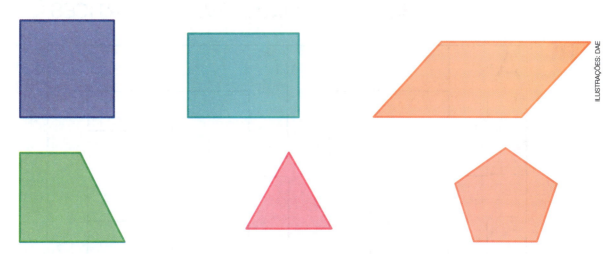

2. PINTE OS VÉRTICES (PONTAS) DE CADA FIGURA GEOMÉTRICA E CONTE QUANTOS SÃO. DEPOIS, ESCREVA O NÚMERO QUE REPRESENTA ESSA QUANTIDADE DENTRO DE CADA FIGURA.

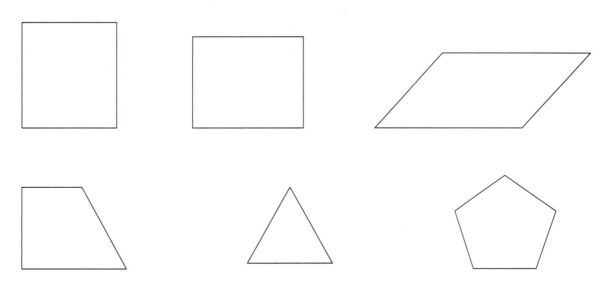

- O QUE PODEMOS DIZER A RESPEITO DO NÚMERO DE LADOS E DE VÉRTICES DE CADA FIGURA?

_____

3. NO LABIRINTO DE FIGURAS PLANAS, ENCONTRE A SAÍDA PINTANDO AS FIGURAS INDICADAS.

A) PINTE DE 🔵 TUDO O QUE TIVER 5 VÉRTICES.

B) PINTE DE 🟡 TUDO O QUE TIVER 4 VÉRTICES.

C) PINTE DE 🔴 TUDO O QUE TIVER 3 VÉRTICES.

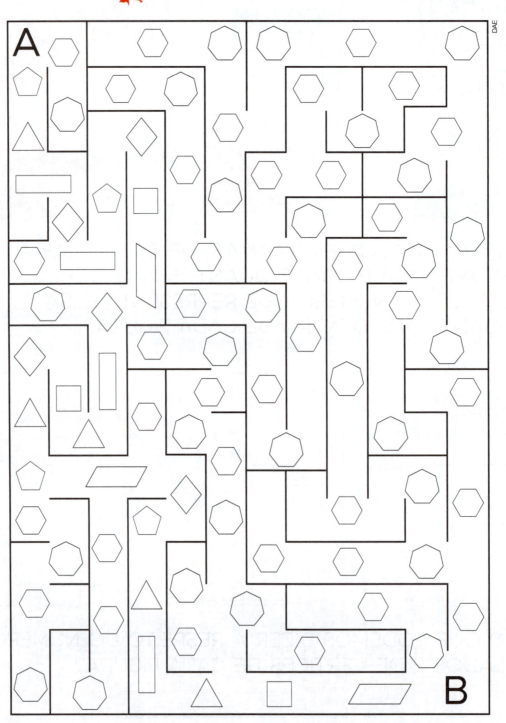

FIGURAS PLANAS COM ELÁSTICO

1. LUANA E BIA ESTÃO BRINCANDO DE FORMAR FIGURAS GEOMÉTRICAS PLANAS COM ELÁSTICO:

- COMO VOCÊ ACHA QUE É ESSA BRINCADEIRA?

AO BRINCAR DE **FIGURAS PLANAS COM ELÁSTICO**, AS CRIANÇAS RETOMARAM O QUE TINHAM APRENDIDO A RESPEITO DO NÚMERO DE LADOS E DE VÉRTICES. VEJA:

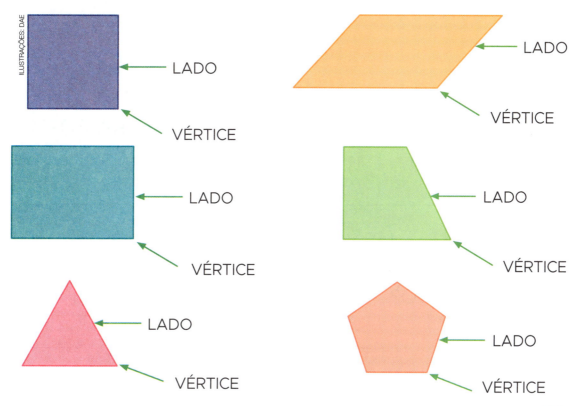

2. AGORA PREENCHA O QUADRO.

FIGURA	NOME	NÚMERO DE LADOS	NÚMERO DE VÉRTICES
	RETÂNGULO		
		4	
			3
	TRAPÉZIO		

3. OBSERVE AS FIGURAS GEOMÉTRICAS PLANAS E PINTE DA MESMA COR AQUELAS QUE VOCÊ CONSIDERA PARECIDAS.

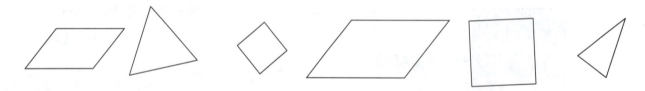

A) QUAIS FIGURAS VOCÊ ESCOLHEU PARA FORMAR PARES?

_____

_____

B) O QUE AS FIGURAS QUE FORMAM PAR TÊM DE PARECIDO?

_____

_____

GRUPOS DE 10

1. OBSERVE AS COLEÇÕES DE CARRINHOS DE RENATO E DE ALBERTO.

   A) RENATO

   - CONTORNE 10 CARRINHOS.
   - QUANTOS CARRINHOS NÃO FORAM CONTORNADOS? _____
   - QUANTOS CARRINHOS RENATO TEM?

   _____

   B) ALBERTO

   - CONTORNE 10 CARRINHOS.
   - QUANTOS CARRINHOS NÃO FORAM CONTORNADOS? _____
   - QUANTOS CARRINHOS ALBERTO TEM?

   _____

   C) CONTORNE O NOME DE QUEM TEM MAIS CARRINHOS.

   RENATO   ALBERTO

2. OBSERVE AS COLEÇÕES DE CHAVEIROS DE BRUNA E DE JÚLIA.

   A) BRUNA

   - CONTORNE 10 CHAVEIROS.
   - QUANTOS CHAVEIROS NÃO FORAM CONTORNADOS? _____

   B) JÚLIA

   - CONTORNE 10 CHAVEIROS.
   - QUANTOS CHAVEIROS NÃO FORAM CONTORNADOS? _____

   C) CONTORNE O NOME DE QUEM TEM MAIS CHAVEIROS.
   BRUNA   JÚLIA

3. FORME GRUPOS DE 10 E RESPONDA.

   A)
   - QUANTOS GRUPOS DE 10 PASSARINHOS VOCÊ FORMOU?
   _____
   - HÁ PASSARINHOS QUE NÃO FICARAM AGRUPADOS? QUANTOS?
   _____
   - QUANTOS PASSARINHOS APARECEM NA IMAGEM?
   _____

36

B)
- QUANTOS GRUPOS DE 10 LÁPIS VOCÊ FORMOU? _____
- HÁ LÁPIS QUE NÃO FICARAM AGRUPADOS? QUANTOS? _____
- QUANTOS LÁPIS ESTÃO SOBRE A MESA? _____

4. DESENHE:

A) 3 GRUPOS DE 10 PALITOS E 5 PALITOS SOLTOS.

QUANTOS PALITOS VOCÊ DESENHOU? _____

B) 1 GRUPO DE 10 PALITOS E 8 PALITOS SOLTOS.

QUANTOS PALITOS VOCÊ DESENHOU? _____

AO AGRUPARMOS ELEMENTOS DE 10 EM 10, FACILITAMOS A CONTAGEM DE OBJETOS, ANIMAIS, PESSOAS ETC.

5. EM CADA CAIXA HÁ 10 LIVROS. QUANTOS LIVROS HÁ NAS QUATRO CAIXAS?

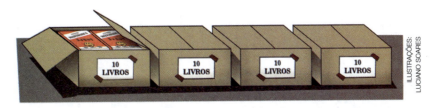

37

6. EM CADA POTE HÁ 10 BOLINHAS. QUANTAS BOLINHAS HÁ NOS SEIS POTES?

DECOMPOSIÇÃO DE NÚMEROS

1. PINTE OS QUADRADINHOS PARA REPRESENTAR O NÚMERO INDICADO. VEJA COMO UMA CRIANÇA DO SEGUNDO ANO PINTOU AS BARRINHAS PARA REPRESENTAR O NÚMERO 14.

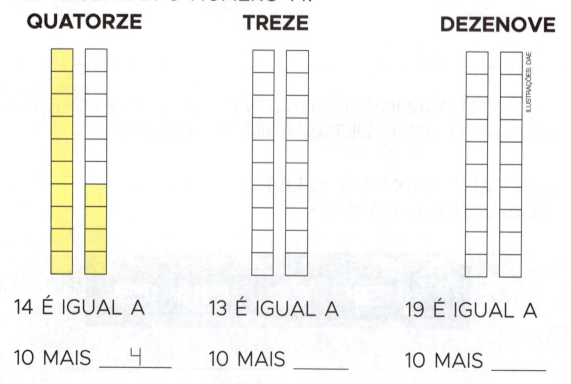

QUATORZE

TREZE

DEZENOVE

14 É IGUAL A

13 É IGUAL A

19 É IGUAL A

10 MAIS __4__

10 MAIS _____

10 MAIS _____

38

2. AGORA VOCÊ DEVERÁ DESCOBRIR QUAIS SÃO OS NÚMEROS.

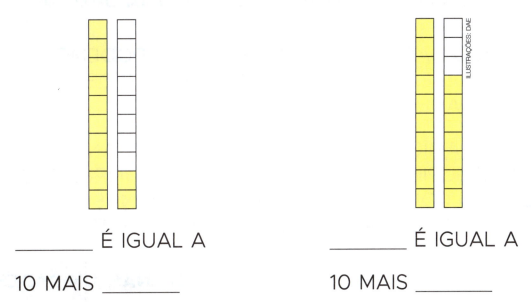

_____ É IGUAL A

10 MAIS _____

_____ É IGUAL A

10 MAIS _____

🔹 DEZENA

1. LUCAS COLECIONA FIGURINHAS. ELE GUARDA TODAS AS REPETIDAS PARA TROCAR COM SEUS AMIGOS.
PARA ORGANIZÁ-LAS, ELE AS AMARRA DE 10 EM 10 COM ELÁSTICO. VEJA:

- QUANTAS FIGURINHAS LUCAS TEM PARA TROCAR?

_____

39

CADA FIGURINHA REPRESENTA **UMA UNIDADE**.
CADA GRUPO DE DEZ FIGURINHAS É **UMA DEZENA**.

NO CASO DAS FIGURINHAS DE LUCAS, PODEMOS DIZER QUE ELE TEM 34 FIGURINHAS OU 3 DEZENAS E 4 UNIDADES DE FIGURINHAS.

2. ALGUNS AMIGOS DE LUCAS TAMBÉM ORGANIZAM SUAS FIGURINHAS EM GRUPOS DE 10. COMPLETE O QUADRO COM A QUANTIDADE DE DEZENAS E DE UNIDADES DE FIGURINHAS QUE CADA UM TEM.

		DEZENAS	UNIDADES
NICOLAS			
PAULA			
LUÍZA			
YURI			

ILUSTRAÇÕES: HENRIQUE BRUM

SOMAS DE 10

1. PINTE AS BARRAS COM DUAS CORES DIFERENTES DE MANEIRA QUE ELAS FIQUEM COMPLETAMENTE PREENCHIDAS. AO LADO, COMPLETE COM A ESCRITA MATEMÁTICA QUE REPRESENTA SUA PINTURA. VEJA O EXEMPLO.

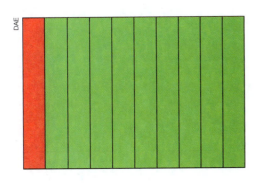

1 + 9 = 10

A)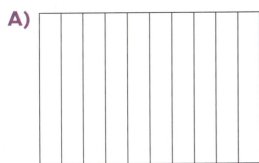

_____ + _____ = 10

B)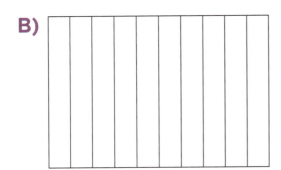

_____ + _____ = 10

C)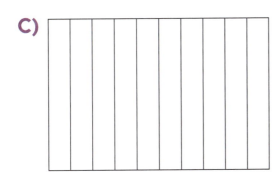

_____ + _____ = 10

D)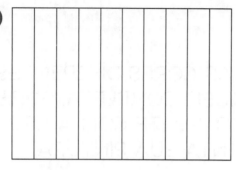

_____ + _____ = 10

E)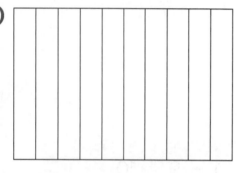

_____ + _____ = 10

F)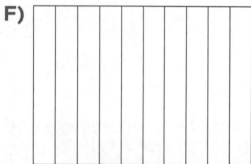

_____ + _____ = 10

G)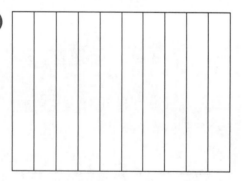

_____ + _____ = 10

H)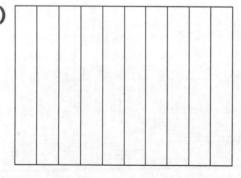

_____ + _____ = 10

ADIÇÃO COM RETA NUMÉRICA

1. PODEMOS USAR A RETA NUMÉRICA PARA FAZER ADIÇÕES. PARA CALCULAR 7 + 5 MARCAMOS 7, QUE É O MAIOR NÚMERO NA RETA, E "ANDAMOS" 5 NÚMEROS PARA A DIREITA. ASSIM CHEGAMOS AO 12. VEJA:

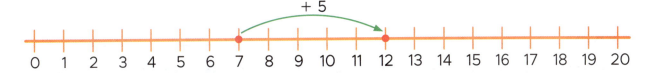

A) 5 + 9 = _____

B) 9 + 8 = _____

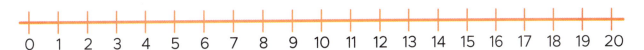

C) 6 + 10 = _____

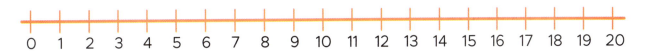

2. RESOLVA AS ADIÇÕES E DEPOIS FAÇA UMA RETA NUMÉRICA PARA CONFERIR OS RESULTADOS.

A) 5 + 6 = _____   **C)** 11 + 5 = _____   **E)** 8 + 5 = _____

B) 7 + 7 = _____   **D)** 9 + 3 = _____   **F)** 13 + 5 = _____

GRANDEZAS E MEDIDAS

O CALENDÁRIO DO MÊS

1. PREENCHA O QUADRO ABAIXO DE ACORDO COM O CALENDÁRIO DO MÊS ATUAL.

MÊS: _____

DOMINGO	SEGUNDA-FEIRA	TERÇA-FEIRA	QUARTA-FEIRA	QUINTA-FEIRA	SEXTA-FEIRA	SÁBADO

A) QUANTOS DIAS TEM ESSE MÊS? E QUANTOS DOMINGOS? _____

B) QUE DIA DO MÊS É HOJE? _____

C) DAQUI A 3 DIAS, QUE DIA DO MÊS SERÁ? E DA SEMANA? _____

2. JOAQUIM QUER REGISTRAR NO CALENDÁRIO O MÊS EM QUE COMEÇARÁ A TROCA DE LIVROS EM SUA ESCOLA. LEIA AS PISTAS PARA SABER QUAL SERÁ ESSE MÊS.

- TEM 31 DIAS.
- É ANTES DE JUNHO E DEPOIS DE MARÇO.

_____

COLEÇÃO DE PROBLEMAS

1. NO BAIRRO ONDE ENZO MORA, HÁ MUITAS CRIANÇAS QUE COSTUMAM BRINCAR DE PEGA-PEGA.

A) EM UMA DAS VEZES QUE BRINCARAM, ENZO PEGOU 7 CRIANÇAS E ANA JÚLIA PEGOU 12. QUEM FOI O VENCEDOR? _____

- QUANTAS CRIANÇAS FORAM PEGAS NA BRINCADEIRA? USE A RETA NUMÉRICA PARA CALCULAR.

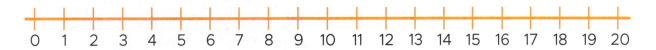

_____

B) NUMA OUTRA RODADA DA BRINCADEIRA, BRUNA PEGOU 7 CRIANÇAS E LAURA PEGOU 13. QUEM VENCEU DESSA VEZ? _____

- QUANTAS CRIANÇAS FORAM PEGAS NESSA RODADA?

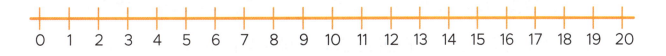

_____

2. REINALDO FOI AO SUPERMERCADO E COMPROU 4 GARRAFAS DE SUCO DE UVA E 12 DE SUCO DE MAÇÃ.

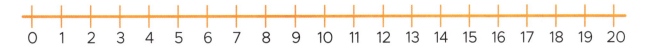

- QUANTAS GARRAFAS DE SUCO ELE COMPROU?

_____

RETOMADA

1. ADIVINHE QUE FIGURA GEOMÉTRICA É ESTA:
   - TEM QUATRO LADOS;
   - TEM QUATRO VÉRTICES;
   - SEU NOME COMEÇA COM A LETRA **P**.

   _____

2. OBSERVE OS BONECOS DA COLEÇÃO DE DANIELA:

   A) CONTORNE OS BONECOS PARA FORMAR GRUPOS DE 10.
   B) QUANTOS BONECOS NÃO FORAM CONTORNADOS?

   _____

   C) QUANTOS BONECOS DANIELA POSSUI EM SUA COLEÇÃO? _____

3. NESTA UNIDADE VIMOS QUE, QUANDO AGRUPAMOS 10 UNIDADES DE ALGUM OBJETO, TEMOS UMA DEZENA.

ALGUNS AMIGOS DE LUCAS TAMBÉM ORGANIZAM SUAS BOLINHAS EM POTES COM 10 UNIDADES. COMPLETE O QUADRO COM A QUANTIDADE DE DEZENAS E DE UNIDADES DE BOLINHAS QUE CADA MENINO TEM.

ILUSTRAÇÕES: ANDRÉ MARTINS

	DEZENAS	UNIDADES
ARTUR		
VICTOR		

4. ESCREVA O DIA DA SEMANA QUE VEM IMEDIATAMENTE ANTES DE:

	QUINTA-FEIRA
	DOMINGO
	QUARTA-FEIRA
	SÁBADO
	TERÇA-FEIRA
	SEXTA-FEIRA

PERISCÓPIO

📖 PARA LER

APOSTANDO COM O MONSTRO, DE KYOUNG HWA KIM E CHUL YOON JUNG. SÃO PAULO: CALLIS, 2009. COLEÇÃO TAN TAN.
A OBRA APRESENTA CONCEITOS DE ADIÇÃO, SUBTRAÇÃO E RELAÇÃO DE GRANDEZA DOS NÚMEROS, DESENVOLVENDO A CAPACIDADE DE IDENTIFICAR GRUPOS MAIORES E MENORES. ELA NARRA A HISTÓRIA DE UM MONSTRO QUE NÃO GOSTAVA NEM UM POUCO DE PERDER APOSTAS E QUE SE VÊ DESAFIADO POR UM MENINO MUITO ESPERTO RECÉM-CHEGADO À ALDEIA.

OITO A COMER BISCOITO, DEZ A COMER PASTÉIS, DE ELENICE MACHADO DE ALMEIDA. SÃO PAULO: SESI-SP, 2014. COLEÇÃO QUEM LÊ SABE POR QUÊ.
A AUTORA FAZ UMA BRINCADEIRA COM AS PALAVRAS E O FOLCLORE PARA ABORDAR A CONTAGEM DE NÚMEROS, INTRODUZINDO A MATEMÁTICA DE FORMA BEM-HUMORADA. TRATA-SE DA CONFUSA E DIVERTIDA VIDA DE UM CHINÊS COM SUA FILHA E MUITOS AMIGUINHOS ANIMAIS.

CABRITOS, CABRITÕES, ADAPTADO POR OLALLA GONZÁLEZ. SÃO PAULO: CALLIS, 2008. COLEÇÃO TAN TAN.
O LIVRO CONTA O DILEMA DE TRÊS CABRITOS QUE PRECISAM ATRAVESSAR UMA PONTE PARA SE ALIMENTAR. NO ENTANTO, EMBAIXO DA PONTE SE ESCONDE UM OGRO TERRÍVEL, QUE COME TODOS QUE TENTAM POR ALI PASSAR. COM MUITA FOME, OS CABRITOS ELABORAM UM PLANO. SERÁ QUE VAI DAR CERTO?

UNIDADE 3
CONVERSANDO SOBRE MEDIDAS

1. OBSERVE AS CENAS ABAIXO.

A) EM SUA OPINIÃO, QUEM ESTÁ CERTO? POR QUE HOUVE DIFERENÇA NA CONTAGEM DOS PASSOS?

B) COMO VOCÊ RESOLVERIA O PROBLEMA?

GRANDEZAS E MEDIDAS

MEDINDO COMPRIMENTO

1. OBSERVE A FOTOGRAFIA ABAIXO:

LAGARTA-MEDE-PALMOS.

A) POR QUE VOCÊ ACHA QUE ESSE BICHO RECEBE OS NOMES DE **LAGARTA-MEDE-PALMOS, MEDIDEIRA** OU **MEDE-MEDE**? TROQUE IDEIAS COM OS COLEGAS E O PROFESSOR PARA DESCOBRIREM JUNTOS.

B) CONSULTE UM DICIONÁRIO PARA VER QUAL SIGNIFICADO ELE TRAZ E CONFIRA SE A DEFINIÇÃO QUE VOCÊS DISCUTIRAM É PARECIDA.

2. ESTÉFANO DECIDIU MEDIR O COMPRIMENTO DA ESCRIVANINHA QUE FICA NO QUARTO DELE. PARA ISSO, UTILIZOU PALITOS DE SORVETE. VEJA COMO ELE FEZ:

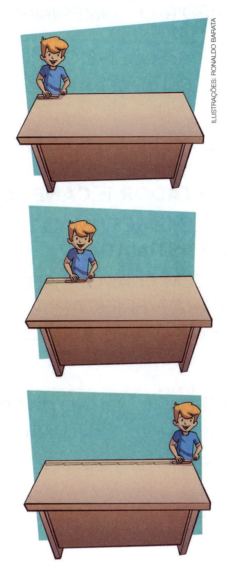

AGORA RESPONDA:

A) QUANTAS VEZES UM PALITO DE SORVETE CABE NO COMPRIMENTO DA ESCRIVANINHA DE ESTÉFANO?

_____

B) SE O GAROTO TIVESSE USADO UM PALITO MENOR QUE O DE SORVETE PARA MEDIR, QUAL SERIA O RESULTADO DA MEDIÇÃO?

_____

3. VAMOS MEDIR COMPRIMENTOS DE OBJETOS USANDO UM APONTADOR E UMA CANETA HIDROCOR COMO UNIDADES DE MEDIDA? EM DUPLA, ESCOLHAM UM OBJETO PARA MEDIR O COMPRIMENTO DELE.

NOME DO OBJETO ESCOLHIDO: _____

A) PREENCHAM O QUADRO ABAIXO SEGUINDO AS ETAPAS:

- ESTIMEM O COMPRIMENTO DO OBJETO ESCOLHIDO CONSIDERANDO AS UNIDADES DE MEDIDA **APONTADOR** E **CANETA HIDROCOR**.

- ANOTEM A MEDIDA ESTIMADA NA COLUNA **QUANTIDADE ESTIMADA**.

- DEPOIS, UTILIZEM O APONTADOR E A CANETA HIDROCOR PARA VERIFICAR A MEDIDA REAL DO OBJETO E PREENCHAM A COLUNA **QUANTIDADE REAL**.

UNIDADE DE MEDIDA DE COMPRIMENTO	QUANTIDADE ESTIMADA	QUANTIDADE REAL
APONTADOR		
CANETA HIDROCOR		

B) AS ESTIMATIVAS FEITAS POR VOCÊS SE APROXIMARAM DA MEDIDA REAL DO OBJETO?

_____

C) POR QUE HÁ DIFERENÇA NO RESULTADO DA MEDIÇÃO USANDO O COMPRIMENTO DO APONTADOR E O COMPRIMENTO DA CANETA HIDROCOR?

_____

_____

SEQUÊNCIA NUMÉRICA E COMPARAÇÃO DE NÚMEROS

1. DESCUBRA O SEGREDO DAS SEQUÊNCIAS NUMÉRICAS E COMPLETE-AS.

2. COMPLETE AS CONTAGENS REGRESSIVAS. SE PRECISAR, CONSULTE A RETA NUMÉRICA.

A) 10 – 9 – _____ – _____ – _____ – _____ – _____ – _____ – _____ – 1

B) 20 – 19 – _____ – 17 – _____ – _____ – _____ – _____ – _____ – _____ – 10

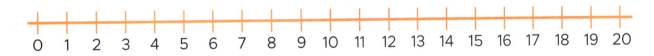

3. PINTE A QUANTIDADE DE QUADRINHOS DE ACORDO COM O NÚMERO INDICADO.

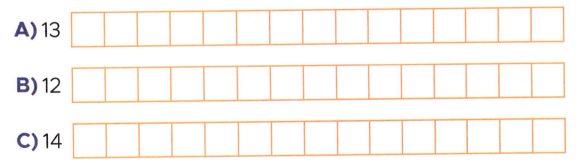

4. OBSERVE OS NÚMEROS, FAÇA AS COMPARAÇÕES E COMPLETE-AS COM AS PALAVRAS **MAIOR** OU **MENOR**.

A) 13 É _____ QUE 12

B) 13 É _____ QUE 14

C) 12 É _____ QUE 13

D) 14 É _____ QUE 13

5. COMPARE A QUANTIDADE DE PRESILHAS DAS DUAS LOJAS: SEMPRE BELA E BELEZA.

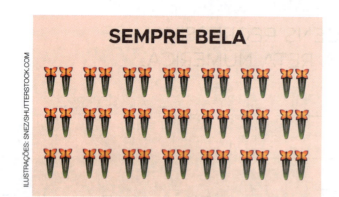

A) QUANTAS PRESILHAS A LOJA SEMPRE BELA TEM? _____

B) QUANTAS PRESILHAS A LOJA BELEZA TEM? _____

C) QUE LOJA TEM MAIS PRESILHAS PARA VENDER?
_____

D) RISQUE AS PRESILHAS QUE UMA DAS LOJAS PRECISA VENDER PARA QUE AS DUAS LOJAS FIQUEM COM A MESMA QUANTIDADE.

SOMANDO 7

6 + 1 = 7

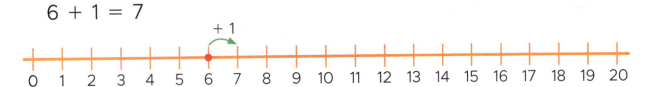

1 + 6 = 7

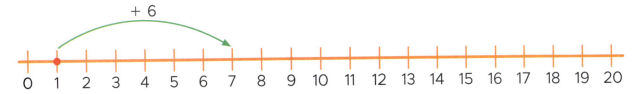

SOMANDO 8

7 + 1 = 8

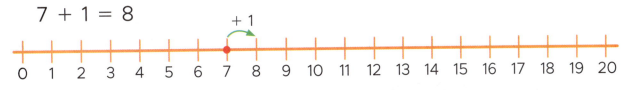

1 + 7 = 8

SOMANDO 9

8 + 1 = 9

1 + 8 = 9

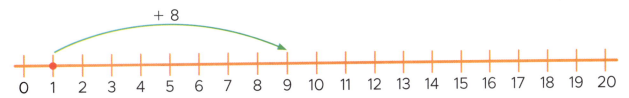

6. EFETUE AS ADIÇÕES USANDO A RETA NUMÉRICA.

A) _____ + 2 = 9

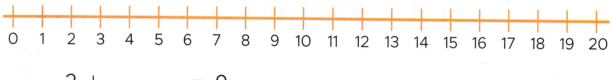

2 + _____ = 9

B) 6 + _____ = 9

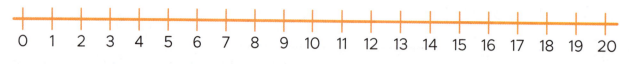

_____ + 6 = 9

7. CONTINUE EFETUANDO AS ADIÇÕES.

A) 5 + _____ = 8

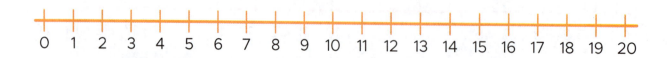

B) _____ + 4 = 7

8. O QUADRO ABAIXO APRESENTA OS NÚMEROS DE 1 A 100.

1	2	3	4	5	6	7	8	9	10
11	12	13	14	15	16	17	18	19	20
21	22	23	24	25	26	27	28	29	30
31	32	33	34	35	36	37	38	39	40
41	42	43	44	45	46	47	48	49	50
51	52	53	54	55	56	57	58	59	60
61	62	63	64	65	66	67	68	69	70
71	72	73	74	75	76	77	78	79	80
81	82	83	84	85	86	87	88	89	90
91	92	93	94	95	96	97	98	99	100

A) PINTE, COM CORES DIFERENTES, OS NÚMEROS QUE TERMINAM COM O ALGARISMO 5.

B) QUAL NÚMERO VEM IMEDIATAMENTE ANTES DO 100? _____

C) QUAL NÚMERO VEM IMEDIATAMENTE DEPOIS DO 10? _____

D) QUAL É O MAIOR NÚMERO DESSE QUADRO? E O MENOR? _____

9. CONTORNE O MAIOR NÚMERO EM CADA QUADRO.

A) | 85 | 58 | **B)** | 34 | 43 | **C)** | 29 | 92 | **D)** | 32 | 23 |

10. LIGUE OS NÚMEROS À SUA ESCRITA POR EXTENSO.

52

62

14

26

41

SESSENTA E DOIS

QUARENTA E UM

VINTE E SEIS

CINQUENTA E DOIS

CATORZE

11. ESCREVA COM ALGARISMOS OS NÚMEROS DITADOS PELO PROFESSOR.

A)

C)

E)

B)

D)

F)

12. A PROFESSORA DITOU O NÚMERO QUARENTA E OITO.

PEDRO ESCREVEU:

JÚLIO ESCREVEU:

ILUSTRAÇÕES: HENRIQUE BRUM

• QUEM ESCREVEU CORRETAMENTE O NÚMERO DITADO? _____

• EXPLIQUE SUA ESCOLHA.

JOGO

BINGO

PARTICIPANTES:

- TODOS OS ALUNOS DA TURMA.

COMO JOGAR

1. CADA JOGADOR DEVERÁ PREENCHER UMA CARTELA, COMO A MOSTRADA AO LADO, COM OITO NÚMEROS DE 50 A 100.

2. A CADA RODADA, UM NÚMERO É SORTEADO E O JOGADOR VERIFICA SE ELE ESTÁ NA SUA CARTELA.
3. SE NA CARTELA HOUVER O NÚMERO SORTEADO, O JOGADOR O MARCARÁ COM UM **X**.
4. GANHA QUEM ASSINALAR A CARTELA TODA PRIMEIRO. AGORA, USE A CARTELA QUE VOCÊ MONTOU PARA JOGAR BINGO COM OS COLEGAS. DEPOIS, RESPONDA:

- QUEM GANHOU O JOGO? _____
- QUAIS NÚMEROS VOCÊ NÃO CONSEGUIU MARCAR?

_____

1. ALICE E MANOEL JOGARAM BINGO. VEJA A CARTELA DE CADA UM:

A) ALICE

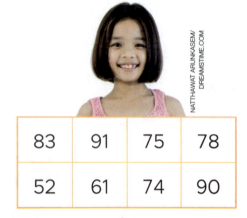

83	91	75	78
52	61	74	90

B) MANOEL

62	84	75	89
50	60	70	80

- PINTE DE 🍁 O MAIOR NÚMERO DA CARTELA DE ALICE.
- PINTE DE 🍃 O MENOR NÚMERO DA CARTELA DE ALICE.
- PINTE DE 🍁 O RESULTADO DA OPERAÇÃO 64 + 10.
- PINTE DE 🍁 O SUCESSOR DE 82.
- ESCREVA POR EXTENSO OS NÚMEROS 74 E 90.

_____

_____

_____

- PINTE DE 🍁 O MAIOR NÚMERO DA CARTELA DE MANOEL.
- PINTE DE 🍃 O MENOR NÚMERO DA CARTELA DE MANOEL.
- PINTE DE 🍁 O RESULTADO DA OPERAÇÃO 80 − 10.
- PINTE DE 🍁 O ANTECESSOR DE 76.
- ESCREVA POR EXTENSO OS NÚMEROS 50 E 89.

_____

_____

_____

QUANTOS SELOS?

1. OBSERVE A COLEÇÃO DE SELOS DE PEDRO.

A) QUANTOS SELOS APROXIMADAMENTE HÁ NA COLEÇÃO DE PEDRO? _____

B) AGORA CONTE OS SELOS E PINTE A RESPOSTA CORRETA:

| MENOS DO QUE 40 | MAIS DO QUE 60 |

| MAIS DO QUE 40 E MENOS DO QUE 60 |

FIGURAS GEOMÉTRICAS ESPACIAIS

1. VEJA ESTA CONSTRUÇÃO:

- QUAIS FIGURAS GEOMÉTRICAS ESPACIAIS FORAM USADAS NESSA CONSTRUÇÃO? VOCÊ SABE O NOME DE TODAS? TROQUE IDEIAS COM OS COLEGAS.

CONSTRUÇÃO COM CAIXAS

1. FORME GRUPO COM MAIS TRÊS COLEGAS E FAÇAM UMA CONSTRUÇÃO USANDO AS CAIXAS QUE VOCÊS TROUXERAM DE CASA.

A) O QUE VOCÊS CONSTRUÍRAM? _____

B) QUAIS CAIXAS UTILIZARAM? _____

C) MOSTRE A CONSTRUÇÃO DE SEU GRUPO PARA OS OUTROS COLEGAS DA TURMA.

D) FAÇA UM DESENHO DA CONSTRUÇÃO QUE SEU GRUPO MONTOU.

2. VOCÊ JÁ DESMONTOU UMA CAIXA? JUNTE-SE A UM COLEGA E ESCOLHAM UMA CAIXA PARA DESMONTAR.

A) COM A AJUDA DO PROFESSOR, CONSTRUAM UM PAINEL COM AS PARTES DAS CAIXAS QUE TODOS RECORTARAM.

B) DESENHEM AS FIGURAS GEOMÉTRICAS PLANAS QUE FORMAM A CAIXA QUE VOCÊS DESMONTARAM E RECORTARAM.

COLEÇÃO DE PROBLEMAS

1. OBSERVE A CENA DE PRAIA ABAIXO:

A) QUANTAS CRIANÇAS APARECEM NA CENA? _____

B) QUANTOS ADULTOS PRECISAM CHEGAR À PRAIA PARA QUE A QUANTIDADE DE ADULTOS E CRIANÇAS SEJA A MESMA? _____

C) QUANTAS CRIANÇAS PRECISAM CHEGAR À PRAIA PARA QUE HAJA 10 CRIANÇAS AO TODO? _____

2. IGOR TEM 17 FIGURINHAS DO ÁLBUM DO CAMPEONATO BRASILEIRO DE FUTEBOL. GANHOU ALGUMAS NOVAS DE SUA AVÓ E FICOU COM 25 NO TOTAL. QUANTAS FIGURINHAS ELE GANHOU DE SUA AVÓ?

_____

3. OS PRIMOS ÂNGELA, VICTOR E GUILHERME GANHARAM CAMISA DE SEU TIME PREFERIDO. DESCUBRA QUAL CAMISA CADA UM GANHOU.

- A CAMISA DE ÂNGELA É LISTRADA.
- O TIME DE VICTOR TEM AS CORES VERMELHA E PRETA.
- GUILHERME GANHOU A CAMISA LISA.

4. ESCOLHA AS PALAVRAS ADEQUADAS PARA COMPLETAR O PROBLEMA E, DEPOIS, RESOLVA-O.

MARIA FOI DE _____ AO MERCADO COM SEU PAI. FIZERAM TODAS AS COMPRAS E, QUANDO IAM EMBORA, O PAI DE MARIA PERCEBEU

QUE HAVIA _____ A CHAVE DO CARRO. O QUE VOCÊ FARIA PARA VOLTAR PARA CASA?

PERDIDO   CARRO   ENCONTRADO   ÔNIBUS   MERCADO

RETOMADA

1. ESCREVA NOS QUADRINHOS ABAIXO OS NÚMEROS QUE SEU PROFESSOR VAI DITAR.

A) ☐   C) ☐   E) ☐   G) ☐   I) ☐

B) ☐   D) ☐   F) ☐   H) ☐   J) ☐

2. OBSERVE A CARTELA DE BINGO DE PATRÍCIA.

13	16	25	32
47	54	60	84

A) QUAL É O MENOR NÚMERO? _____

B) E O MAIOR NÚMERO? _____

C) QUAL É O ANTECESSOR DE 84? _____

D) E O SUCESSOR DE 84? _____

E) ESCOLHA DOIS NÚMEROS DA CARTELA DE PATRÍCIA E ESCREVA-OS POR EXTENSO.

NÚMERO ESCOLHIDO	ESCRITA POR EXTENSO

3. DESCUBRA O SEGREDO DAS SEQUÊNCIAS NUMÉRICAS E COMPLETE-AS.

A) 6 9 12 ☐ ☐ ☐ ☐ ☐ 33

B) 4 6 8 10 ☐ ☐ ☐ ☐ 22

4. ESCOLHA UM MATERIAL DE SEU ESTOJO E MEÇA COM ELE O MAIOR LADO DE SUA CARTEIRA ESCOLAR. FAÇA UM DESENHO PARA MOSTRAR COMO VOCÊ MEDIU.

A) QUAL FOI O OBJETO USADO? _____

B) QUANTO MEDE O MAIOR LADO DE SUA CARTEIRA ESCOLAR? _____

5. MARIANA E LETÍCIA DESMONTARAM UMA CAIXA DE CREME DENTAL E DEPOIS COLARAM NUMA FOLHA AS FIGURAS PLANAS QUE OBTIVERAM. VEJA:

MARIANA **LETÍCIA**

FOTOGRAFIAS: RENATO CIRONE

A) QUANTAS FIGURAS PLANAS MARIANA COLOU? E LETÍCIA? _____

B) QUEM ESTÁ CERTA? POR QUÊ?

_____

C) O QUE PRECISARIA SER FEITO PARA CORRIGIR O ERRO COMETIDO? DISCUTA COM OS COLEGAS.

PERISCÓPIO

📖 PARA LER

IRMÃOS GÊMEOS, DE YOUNG SO YOO E YOUNG MI PARK. SÃO PAULO: CALLIS, 2009. COLEÇÃO TAN TAN.
ESSE LIVRO APRESENTA, DE FORMA LÚDICA, A COMPARAÇÃO ENTRE VOLUMES E QUANTIDADES POR MEIO DA HISTÓRIA DE DOIS IRMÃOS GÊMEOS QUE SÃO MUITO AMIGOS MAS TAMBÉM MUITO COMPETITIVOS.

O HOMEM QUE AMAVA CAIXAS, DE STEPHEN MICHAEL KING. SÃO PAULO: BRINQUE-BOOK, 2008.
A OBRA NARRA DE FORMA SIMPLES E POR MEIO DE BELAS IMAGENS O RELACIONAMENTO ENTRE PAI E FILHO. APRESENTA CONCEITOS DE GRANDEZA E DE FIGURAS GEOMÉTRICAS.

A GIRAFA E O MEDE-PALMO, DE LÚCIA PIMENTEL GÓES. SÃO PAULO: ÁTICA, 2011. COLEÇÃO LAGARTA PINTADA.
A GIRAFA BENEDITA FICOU COM O PESCOÇO PRESO NA ÁRVORE. APENAS A ESTRANHA LAGARTA MEDE-PALMO ESTÁ ALI PARA AJUDÁ-LA. SERÁ QUE VAI DAR CERTO? O LIVRO APRESENTA, DE FORMA LÚDICA, NOÇÕES BÁSICAS DE MEDIDAS DE COMPRIMENTO.

UNIDADE 4 — Passeio no parque

1. A turma em que Jéssica estuda foi a uma excursão ao parque de diversões. Nem todos os alunos poderão entrar na roda-gigante. Veja:

- Jéssica ficou feliz porque vai poder entrar. Além dela, quantos alunos vão conseguir entrar? Contorne-os.

Grandezas e medidas

Medindo com a régua

As imagens não estão representadas em proporção.

As primeiras formas de medir comprimentos apareceram no Egito e utilizavam como referência o tamanho dos pés e do passo, do palmo e da polegada.

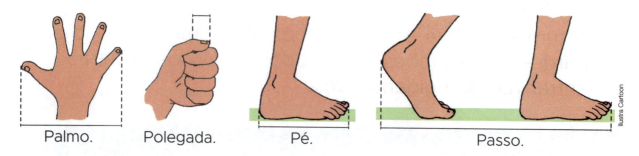

Palmo.   Polegada.   Pé.   Passo.

Na Idade Média ainda não havia sido encontrada uma unidade de medida precisa. Sabe o que foi feito, então?

Em alguns lugares da Europa, as pessoas começaram a esculpir, nas paredes de igrejas e castelos, o côvado de uma mesma pessoa. Então todos usavam a medida dele como padrão. Mas o que é **côvado**? É a distância entre o cotovelo e a extremidade do dedo médio.

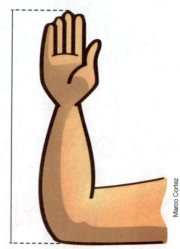

- O que você achou dessa história?

1. Agora troque ideias com os colegas e, juntos, respondam:

    a) Hoje em dia ainda usamos partes do corpo como instrumento de medida?

    b) Como seria se cada pessoa usasse partes do próprio corpo para medir um mesmo objeto ou a distância entre lugares?

2. Nos dias atuais temos diferentes instrumentos de medida de comprimento. Observe:

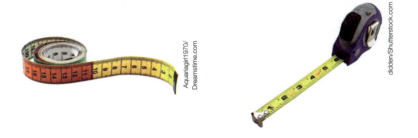

- Você conhece algum deles? Converse com os colegas e o professor a respeito.

3. Vamos conhecer melhor um desses instrumentos? Pegue sua régua e a observe com um colega. Juntos, respondam:

a) Quais números aparecem nela?

_____

b) Qual é o menor número? E o maior?

_____

c) Para que servem esses números?

_____

_____

_____

A régua tem vários risquinhos. Entre dois risquinhos maiores, a medida é de 1 centímetro. Veja:

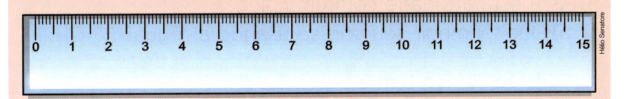

Essa régua tem 15 centímetros. Escrevemos assim: **15 cm**.

71

Você sabe medir usando uma régua?

Primeiramente ajustamos o zero da régua à extremidade do objeto que será medido, como na imagem a seguir:

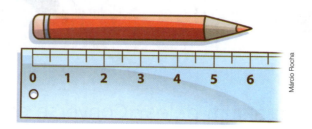

Depois, localizamos o número na régua correspondente à outra extremidade do objeto. Esse número indica quantas vezes a unidade de comprimento 1 cm cabe no comprimento do objeto.

Portanto, o lápis mede 6 centímetros ou 6 cm.

4. Vamos medir o comprimento de alguns objetos da sala de aula. Procure três objetos que você acha que medem menos de 15 cm. Use a régua para medi-los e escreva o comprimento real de cada um.

Objeto	Medida de comprimento

5. Faça esta atividade com um colega.

   a) Que tal medir seu sorriso usando a régua?

     • Meu sorriso tem _____ cm.

   b) Que tal medir o comprimento de sua mão?

     • O comprimento de minha mão tem _____ cm.

c) O que é maior: seu sorriso ou o comprimento de sua mão?

_____

6. De acordo com a legenda e utilizando a régua, trace uma linha:

a) de 6 cm;

c) de 3 cm.

b) de 9 cm;

7. Observe estas linhas:

a) Estime, em centímetros, a medida de cada uma delas.

_____   _____

b) Agora meça as linhas com a régua e descubra a medida exata de cada uma.

_____   _____

8. Sente-se com um colega e, juntos, escrevam o que vocês aprenderam sobre medir usando a régua.

Sistema monetário

Que confusão!

- O que você achou das atitudes do sr. José e de Tiago?
- O que usamos para pagar o que compramos? E para dar o troco?

Recorte as reproduções de notas e moedas das páginas 205 e 207, do **Material complementar**, e use-as a seguir para calcular as quantias. Depois, guarde as cédulas e moedas, porque elas serão usadas em outras atividades.

1. Com quantas:

   a) moedas de 50 centavos formamos 1 real?

   b) moedas de 1 real formamos 10 reais?

   c) moedas de 25 centavos formamos 50 centavos?

   d) moedas de 1 real formamos 5 reais?

   e) notas de 5 reais formamos 10 reais?

   f) moedas de 25 centavos formamos 1 real?

2. Veja o preço dos seguintes produtos:

   As imagens não estão representadas em proporção.

   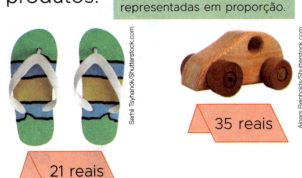

   3 reais

   2 reais

   21 reais

   35 reais

   a) Qual é o produto mais caro? Quanto ele custa?

   _____

   b) Janaína tem 5 reais. Com esse valor, quais produtos ela consegue comprar?

   _____

75

Educação financeira

1. Leia a história em quadrinhos a seguir e responda às perguntas.

Mauricio de Sousa. *Turma da Mônica: lista de compras é importante*. Disponível em: <http://meubolsofeliz.com.br/faca-uma-lista-antes-das-compras>. Acesso em: abr. 2018.

a) Em sua opinião, por que é importante fazer uma lista antes de ir ao supermercado?

b) O que você faz quando vai ao supermercado com um adulto?

2. Converse com um adulto que mora com você e, no caderno, anote o nome e o preço de dez produtos que vocês costumam comprar no supermercado. Traga para a sala de aula imagens ou embalagens vazias desses produtos.

3. Vamos brincar de mercadinho!

1. Em grupos, reúnam as embalagens ou imagens trazidas de casa. Façam placas com os preços pesquisados.

2. Organizem os produtos juntamente com a placa do preço de cada um deles. As placas devem ficar bem visíveis.

3. Das cédulas e moedas que você recortou das páginas 205 e 207, pegue 1 cédula de 50 reais, 1 cédula de 20 reais, 2 cédulas de 10 reais, 1 cédula de 5 reais, 2 moedas de 1 real, 4 moedas de 50 centavos, 5 moedas de 10 centavos e 10 moedas de 5 centavos.

• Que quantia cada um de vocês tem para gastar no mercadinho? _____

4. Agora que o mercadinho já está organizado, em duplas, elaborem no caderno uma lista com os itens que você e seu colega precisam comprar.

5. Chegou a hora de brincar! Vamos fazer as compras no mercadinho preparado pela turma. Ainda em duplas, comprem os itens da lista que vocês fizeram, calculem quanto sobrou de dinheiro e depois respondam:

• Vocês compraram tudo de que precisavam?

• Compraram coisas que não estavam na lista?

• Quanto vocês gastaram?

6. No caderno, escrevam um pequeno texto para explicar o que vocês aprenderam sobre o uso de listas no supermercado.

Números até 100

1. Observe o quadro abaixo e faça o que se pede.

a) Complete o quadro com os números que faltam.

1	2	3	4		6	7	8	9	10
11	12		14	15	16	17	18	19	20
21	22	23	24	25		27	28	29	30
31	32	33	34	35	36		38	39	40
41	42	43		45	46	47	48	49	50
51	52	53	54	55	56	57	58		60
61	62	63	64	65	66	67		69	70
71		73	74	75	76	77	78	79	80
	82	83	84	85	86	87	88	89	90
91	92		94	95	96	97	98	99	100

b) Organize os números que você escreveu no quadro em ordem crescente.

_____

c) Pinte de 🟢 todos os números do quadro que têm 4 na ordem da dezena.

- O que você observou?

d) Pinte de 🟠 todos os números que terminam em 4.

- O que você observou?

78

Sequências e seus segredos

1. Observe cada sequência, descubra seu segredo e complete-a.

a) | 10 | 9 | 8 | | | | | | | 1 |

O segredo é: diminuir de 1 em 1 unidade.

b) | 10 | 12 | 14 | | | | | | | 28 |

O segredo é: _____

c) | 10 | 20 | 30 | | | | | | | 100 |

O segredo é: _____

d)  △ - ■ - △ - ■ - _ - _ - _ - _ - _ - _

O segredo é: _____

_____

e)  △ - ■ - ■ - △ - _ - _ - _ - _ - _

O segredo é: _____

_____

f)  △ - ■ - △ - ■ - _ - _ - _ - _ - _

O segredo é: _____

_____

Ilustrações: DAE

# Jogo

Quem é maior?

Participantes:
- alunos organizados em duplas.

Material:
- cartas da página 209, do **Material complementar**;
- folha de papel para a marcação de pontos.

Como jogar

1. Cada jogador usará as dez cartas do jogo recortadas.
2. As cartas ficam empilhadas, com o lado escrito virado para baixo.
3. Cada jogador pega duas cartas ao mesmo tempo e arruma uma ao lado da outra de maneira a formar o maior número possível.
4. Os dois jogadores, ao mesmo tempo, viram suas cartas e mostram os números formados com elas.
5. Quem conseguir formar o maior número possível, marca um ponto.
6. O jogo termina quando acabarem as cartas.
7. Ganha quem tiver mais pontos marcados.

Depois de jogar com o colega, responda:
- Quem ganhou o jogo?
- Qual foi o maior número que você formou? E seu colega?

1. Veja os números que Maria Eduarda e Letícia formaram na primeira rodada do jogo.

a) Letícia disse que formou o maior número porque 6 é maior do que 2. Você concorda com ela? Por quê?

_____

_____

_____

b) Na segunda rodada, Maria Eduarda formou o número 54 e Letícia, 29. Letícia disse novamente que formou o maior número porque 9 é maior do que 4. Você concorda com ela? Por quê?

_____

_____

_____

2. Os meninos também jogaram. Veja a conversa de Matheus e Rodrigo:

81

a) Por que Matheus disse que Rodrigo não prestou atenção?

b) Reorganize os números de Rodrigo para que ele possa ganhar essa rodada. Desenhe as duas cartas no espaço abaixo.

3. Compare os dois números e contorne o maior.

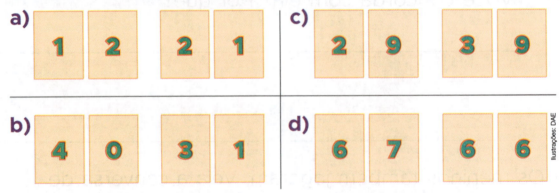

- Converse com os colegas e o professor sobre como todos pensaram para descobrir qual era o maior número.

4. Alguns alunos do 2º ano de outra escola não conseguem reconhecer, durante as rodadas do jogo, qual é o número maior. Como podemos ajudá-los?

Subtração

Pedro adora *video game*. No jogo de que ele mais gosta, o usuário deve recolher a maior quantidade possível de verduras de uma horta antes que comece a tempestade e as plantações sejam danificadas.

Com algumas jogadas, ele conseguiu juntar 10 pés de alface, mas deu de cara com um obstáculo e deixou cair 2 pés de alface.

Pedro seguiu em frente, então com 8 pés de alface. Acionou o turbo de seu personagem e, dessa vez, não viu um balde no meio do caminho! E lá se foram outros 3 pés de alface.

Ao terminar essa fase do jogo, verificou que estava com _____ pés de alface.

Podemos escrever que Pedro tinha 10 pés de alface e que, no primeiro obstáculo, perdeu 2.
Então, 10 menos 2 é igual a 8.
Ou, em matemática: 10 − 2 = 8.
Neste caso, fizemos uma **subtração**, em que o resultado foi 8.
Quando Pedro continuou sua jogada, ele tinha 8 pés de alface, mas perdeu 3 quando trombou com o balde. Então, 8 menos 3 é igual a 5, ou, matematicamente, 8 − 3 = 5.
Na **subtração**, o sinal que representa a palavra menos é **−**.

83

1. Represente com uma subtração estas cenas das jogadas de Pedro.

Na segunda fase do jogo, o objetivo de Pedro era colher a maior quantidade possível de cenouras antes de a tempestade chegar.

Na correria da colheita, Pedro não viu uma enxada no meio do caminho e, das 10 cenouras colhidas, derrubou 5.

Subtração: _____ – _____ = _____

Veja como Maria Alice resolveu essa subtração:

2. Resolva, por meio de desenhos, as subtrações a seguir. Depois escreva o resultado.

Subtração	Desenhos para resolver
7 – 2 = _____	
8 – 5 = _____	
6 – 2 = _____	

84

Deslocamentos e trajetos

O jogo de *video game* de Pedro entrou em uma nova fase. Agora o personagem precisa descobrir o caminho de saída de um pomar. Para isso ele deve seguir as setas que aparecem na tela.

1. Pinte o trajeto feito pelo personagem para sair do pomar.

2. O personagem precisa chegar à casa dele. O trajeto já está traçado para você! Mostre a Pedro quais comandos ele deve dar para passar de fase.

Reta numérica e subtração

Você aprendeu a representar uma subtração. Agora vamos pensar em como podemos calcular uma subtração. A reta numérica é um bom recurso para isso.

Para calcular 12 − 3, basta marcar o número 12 na reta e voltar 3 números. Veja:

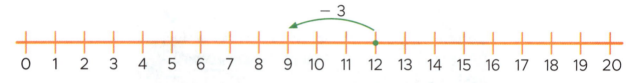

Portanto, 12 − 3 = 9.

1. Resolva estas subtrações com auxílio da reta numérica.

   a) 5 − 2 = _____

   b) 7 − 2 = _____

   c) 9 − 6 = _____

   d) 8 − 1 = _____

Estimativa

Quantas bolinhas?

1. Rafaela espalhou sua coleção de bolas coloridas pelo chão.

a) Quantas bolas aproximadamente estão espalhadas? Faça uma estimativa e pinte a resposta.

| mais do que 60 |

| menos do que 50 |

| mais do que 50 e menos do que 60 |

b) Agora conte as bolas. Quantas você contou?

_____

c) Como foi sua estimativa? Pinte a carinha que representa sua resposta.

87

Probabilidade e estatística

Tabela e gráfico

Qual é seu bicho de estimação preferido? _____

Foi feita uma pesquisa com a turma do 2º ano para saber qual é o bicho de estimação preferido de cada aluno. A tabela a seguir mostra o resultado.

Meu bicho preferido

Bicho preferido	Quantidade de alunos
cachorro	10
gato	4
peixe	3
coelho	3
tartaruga	8
hamster	7

Fonte: Pesquisa feita com a turma do 2º ano.

1. Complete o gráfico usando as informações da tabela.

Título do gráfico: _____

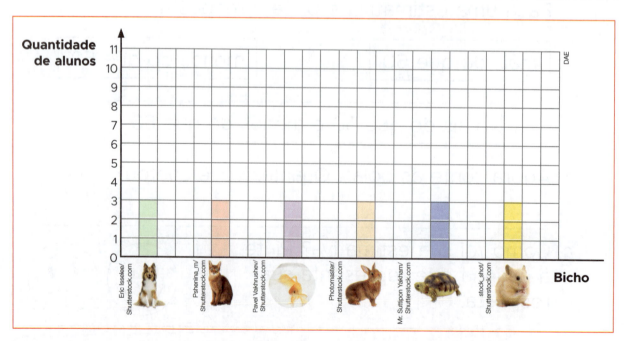

Coleção de problemas

1. Observe a tabela do sacolão para controlar o estoque diário de verduras:

Controle do estoque de verduras

Verdura	Quantidade ao abrir o sacolão	Quantidade ao fechar o sacolão
brócolis	31	11
repolho	24	10
couve	23	3

Fonte: Dados obtidos com base na venda diária de verduras.

a) Quantos maços de brócolis havia ao abrir o sacolão?

b) Quantos maços de brócolis foram vendidos?

c) Qual era a diferença entre as quantidades de maços de repolhos e de couve quando o sacolão abriu?

d) Crie uma pergunta que possa ser respondida por meio da observação da tabela.

2. Luana tem 25 figurinhas e Henrique tem 12.

a) Quantas figurinhas eles têm juntos? _____

b) Quantas figurinhas Luana tem a mais do que Henrique?

_____

c) Quantas figurinhas Henrique precisa ganhar para ter a mesma quantidade de figurinhas que Luana?

90

3. Nina comprou 30 livros sobre a história das medidas de comprimento. Doou 4 exemplares para a biblioteca do bairro e 6 para a escola mais próxima de sua casa. Quantos livros Nina pode doar para as outras escolas da região onde mora?

Resposta: _____

4. Observe a imagem e responda:

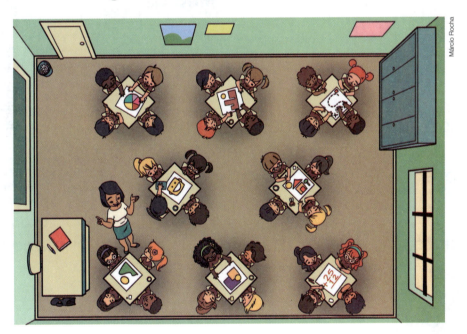

a) Quantos alunos há nessa sala de aula? _____

b) A professora entregou uma folha para cada grupo fazer a atividade. Quantas folhas foram distribuídas? _____

c) Se a turma estivesse organizada em 4 grupos com a mesma quantidade de alunos em cada um, quantas crianças haveria em cada grupo? _____

91

Retomada

1. Veja a régua ao lado:

   a) Quantos centímetros ela mede?

   _____

   b) Escolha dois objetos da sala de aula que podem ser medidos com essa régua. Escreva o nome e a medida de cada um deles no espaço abaixo.

Objeto	Medida

2. Usando notas e moedas, represente de duas maneiras a quantia necessária para comprar cada um dos produtos a seguir.

As imagens não estão representadas em proporção.

Produto	1ª maneira	2ª maneira
37 reais		
4 reais		

92

3. Fábio, sem querer, derrubou tinta em seu quadro numérico enquanto fazia uma atividade para a aula de Ciências. Ele esperou a tinta secar e, sem consultar os quadros numéricos deste livro, completou o quadro com os números manchados. Agora é com você: complete o quadro abaixo do mesmo modo que Fábio.

1	2	3	4	5	6	7	8	9	
11	12	13	14	15	16	17	18	19	
21			24	25	26	27	28	29	30
31	32			35	36	37	38	39	40
41	42	43		45	46	47	48	49	50
51	52	53		55	56	57	58		
61	62	63	64	65	66	67			
71	72	73	74	75	76	77			
81	82	83	84	85	86	87			
91	92	93	94	95	96	97	98	99	100

4. Observe os números formados por Fernanda e Paulo no jogo **quem é maior**.

Qual é o maior número? Por quê?

Periscópio

📖 Para ler

Uma história com mil macacos, de Ruth Rocha. São Paulo: Salamandra, 2009.
História divertida que proporciona a interdisciplinaridade entre Matemática e Língua Portuguesa. Possibilita trabalhar os conceitos de dezena e dúzia e estimular o cálculo mental. Conta o caso de um cientista que se vê em apuros com a chegada de 10 ou 12 macacos todos os dias. Imagine a confusão!

Enquanto a mamãe galinha não estava, de Yu Yeong-So e Han Byeon-Ho. São Paulo: Callis, 2006.
Noções de adição e subtração são apresentadas com a contagem de 1 a 5 de forma descontraída, que cativa a atenção da criança. Narra a aventura de 5 ovos que ficam sozinhos no ninho por alguns instantes, enquanto a mamãe galinha sai para andar um pouco.

Caminhando pela praça

1. Trace o caminho feito por Anderson na praça. Siga as pistas:

- Entrou na praça pelo caminho que estava diante dele e virou à esquerda.
- Perto do canteiro de flores, jogou um papel no lixo.
- Depois, andou até o lago para ver os patinhos.
- Virou à direita e, em seguida, novamente à direita, até chegar ao chafariz.

Figuras geométricas espaciais

Formas e suas propriedades

1. Veja esta construção feita com alguns sólidos geométricos:

Quais figuras geométricas espaciais você conhece? Escreva o nome delas.

_____

_____

2. Usando massa de modelar, faça uma esfera. Quais movimentos você precisou fazer?
Agora, escolha um dos outros dois sólidos geométricos da fotografia acima e o modele também com massa de modelar. Como foram os movimentos da sua mão?

_____

_____

3. Recorte as figuras planas que se encontram na página 211, do **Material complementar**. Você sabe o nome dessas figuras planas?

96

4. Veja só o que o professor de uma turma de segundo ano fez com estas figuras:

Observe o que aconteceu:

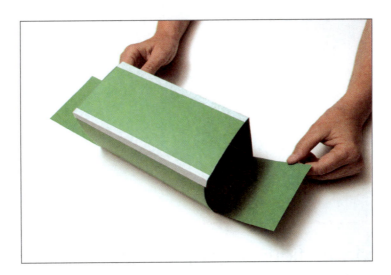

- Vamos fazer o mesmo? Usando fita adesiva, una as figuras planas que você recortou. Veja que você pode uni-las de formas diferentes. Apenas cuide para que elas sempre se encostem pelos lados de mesma medida. Deu certo? Como saber?

> A representação plana da superfície de uma figura geométrica espacial é chamada de **planificação da superfície** dessa figura.

5. Um ⬛ tem 6 faces. Desenhe essas faces.

6. Um ▬ tem 6 faces. Desenhe essas faces.

7. Com relação às figuras geométricas espaciais das **atividades 5** e **6**, responda:

   a) O que elas têm em comum?

   _____

   _____

   b) Qual é a diferença entre elas?

   _____

   _____

Localização espacial

Observe o esquema abaixo.

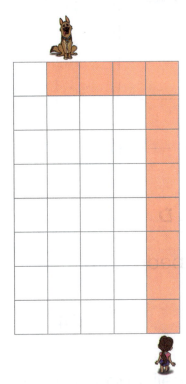

Para encontrar seu cachorrinho, Luana andou 8 quadradinhos para a frente e mais 3 quadradinhos para a sua esquerda.

1. Agora é com você! Ajude o gato a encontrar o pote de ração. Pinte os quadradinhos indicados a seguir para representar o caminho que ele terá de fazer.

   a) 2 quadradinhos para a frente e 1 quadradinho para a sua esquerda

   b) 3 quadradinhos para a frente e 3 quadradinhos para a sua direita

   c) 4 quadradinhos para a frente e 2 quadradinhos para a sua esquerda

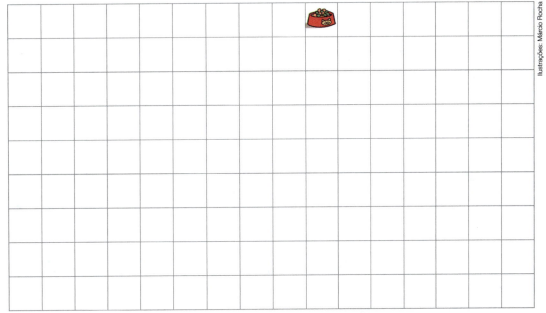

2. No diagrama abaixo, a localização de cada figura geométrica espacial é identificada por uma letra e um número. Por exemplo, a esfera está localizada em C2:

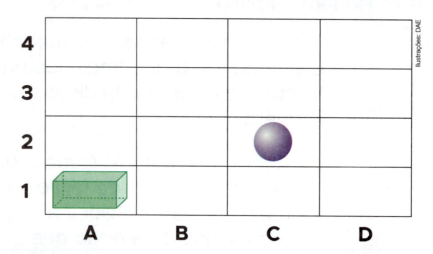

De acordo com o esquema, o paralelepípedo está localizado em:

☐ D4   ☐ A1   ☐ A2   ☐ C4

3. Observe o esquema abaixo. Onde está localizado o cubo?

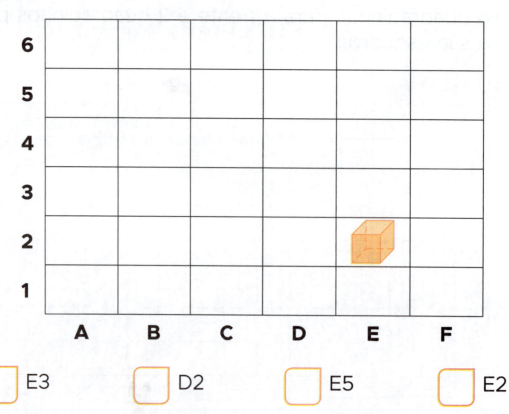

☐ E3   ☐ D2   ☐ E5   ☐ E2

Comprando com nosso dinheiro

1. Felipe foi até a loja de tecidos. Veja:

a) Quais notas e moedas abaixo indicam o preço que será pago pelo tecido?

> As notas e moedas não estão representadas em proporção.

b) Se ele comprar dois metros do tecido, quanto gastará? Usando as notas e moedas do **Material complementar**, faça os cálculos. Depois, faça um desenho para mostrar como você resolveu o problema.

Probabilidade e estatística

Analisando um gráfico

1. Observe o gráfico a seguir.

   a) Pinte de **azul** o título do gráfico.
   b) Agora complete:

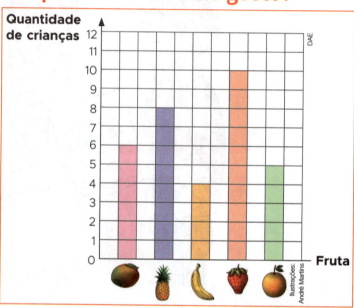

Fonte: Dados obtidos com base em pesquisa feita com crianças.

- Dessa pesquisa participaram _____ crianças.

- As crianças têm preferências diferentes pelas frutas:

  _____ crianças preferem manga, já 4 crianças gostam mais de _____ e _____ de laranja.

- O abacaxi é uma das frutas preferidas, mas foi o morango a fruta que _____ crianças escolheram.

   c) Imagine que a proprietária de uma lanchonete próxima à escola tenha visto esse gráfico. Todos os dias muitos alunos vão lá tomar um bom suco natural, feito na hora e com frutas fresquinhas. Em sua opinião, quais frutas ela deveria comprar, baseando-se no gráfico? Por quê?

_____

_____

2. Foi feita uma pesquisa para saber se os alunos do 2º ano gostam de frequentar parques.

Quem gosta de ir ao parque?

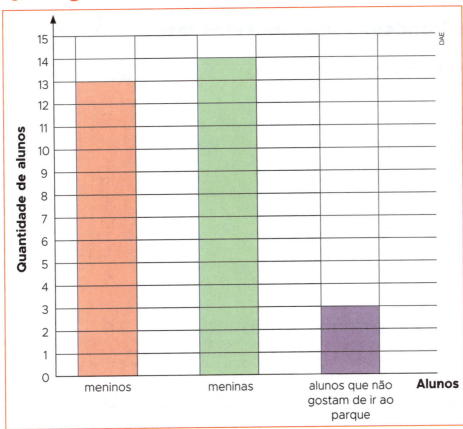

Fonte: Dados obtidos com base em pesquisa feita com alunos do 2º ano.

a) Qual foi o tema da pesquisa?

_____

_____

b) Quem participou da pesquisa? Quantas pessoas?

_____

_____

c) Você gosta de ir ao parque? Por quê?

_____

_____

3. Numa pesquisa perguntou-se a alguns alunos de uma turma quais eram as brincadeiras preferidas deles no intervalo. Leia a tabela para responder às perguntas.

Brincadeiras que podemos fazer no intervalo	
Nome da brincadeira	Total de crianças
pular amarelinha	2
pular corda	10
jogar bola	14
jogar peteca	4
brincadeira do elástico	6

Fonte: Dados obtidos com base nas preferências das crianças.

a) Quais brincadeiras foram citadas pelas crianças?

_____

_____

_____

b) Quantas crianças querem brincar de bola? E de corda?

_____

c) O que representa o número 4 nessa pesquisa?

_____

_____

d) Se você participasse da pesquisa, qual brincadeira

escolheria? _____

Contando de diferentes maneiras

1. Complete as sequências.

a) 7 ☐ 13 ☐ 19 ☐ 25 ☐ ☐ 34

b) 8 ☐ 16 ☐ 24 ☐ ☐ 36 ☐ 44

c) 9 ☐ 29 ☐ 49 ☐ ☐ 79 ☐ 99

2. Complete as colunas, de modo que a segunda tenha **1 a menos** que a primeira.

−1		−1		−1		−1		−1	
7		11		15		25		31	
6		10		14		24		30	
5		9		13		23		29	
4		8		12		22		28	

3. Complete as colunas, de modo que a segunda tenha **2 a menos** que a primeira.

−2		−2		−2		−2		−2	
9		17		29		54		40	
7		15		27		52		38	
5		13		25		50		36	
3		11		23		48		34	

Calculando

Júlia e Bruna estavam resolvendo a conta **9 + 6**. Veja:

1. Agora é sua vez! Calcule usando as duas estratégias.

Conta	Estratégia de Júlia	Estratégia de Bruna
8 + 7		
8 + 9		
7 + 6		

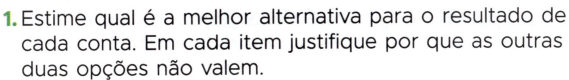

1. Estime qual é a melhor alternativa para o resultado de cada conta. Em cada item justifique por que as outras duas opções não valem.

   a) 20 + 15   ☐ 25   ☐ 35   ☐ 45

   _____

   _____

   b) 20 + 25   ☐ 35   ☐ 45   ☐ 55

   _____

   _____

   c) 20 + 35   ☐ 55   ☐ 65   ☐ 75

   _____

   _____

   d) 20 + 55   ☐ 75   ☐ 85   ☐ 95

   _____

   _____

107

Coleção de problemas

1. O problema a seguir está desorganizado. Copie as frases das tiras coloridas na ordem correta para organizá-lo.

A mãe de Marcela tirou as estragadas e comeu 1 banana.

Na fruteira da casa de Marcela há 12 bananas.

Quantas bananas ficaram na fruteira?

Mas 3 delas estão estragadas.

1.
2.
3.
4.

2. Dona Áurea foi ao banco sacar 180 reais. Quais notas ela pode ter sacado se no caixa eletrônico só estavam disponíveis notas de 100 e 20 reais?

3. Descubra quantas camisetas ainda ficaram na loja de Artur, sabendo que já foram vendidas 15 das 26 camisetas que ele comprou.

4. Descubra qual é a pergunta do problema e pinte-a. Depois, resolva-o.

O senhor José vende sorvetes na praia. Para vender hoje, ele trouxe 24 picolés de fruta, 10 picolés de chocolate e 12 picolés de tapioca. De manhã ele vendeu 13 picolés de frutas.

Quantos picolés o senhor José trouxe para vender?

Quantos picolés ele vendeu à tarde?

109

 **Retomada**

1. Ligue o objeto à figura geométrica espacial com a qual ele se parece.

As imagens não estão representadas em proporção.

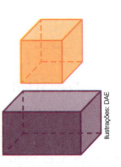

2. Faça desenhos para representar as adições.

a) 14 + 6 = _____   **b)** 18 + 3 = _____

3. Faça desenhos para representar as subtrações.

a) 14 − 6 = _____   **b)** 18 − 3 = _____

4. Descubra o sinal! Complete com o sinal da adição (+) ou da subtração (−).

a) 15 ___ 4 = 19   c) 21 ___ 6 = 27   e) 19 ___ 19 = 38

b) 19 ___ 9 = 10   d) 15 ___ 4 = 11   f) 7 ___ 0 = 7

5. Invente duas adições e duas subtrações para os colegas descobrirem qual é o sinal.

_____   _____

_____   _____

6. Qual é a unidade de medida mais adequada para medir cada um dos objetos a seguir? Marque com um **X**.

As imagens não estão representadas em proporção.

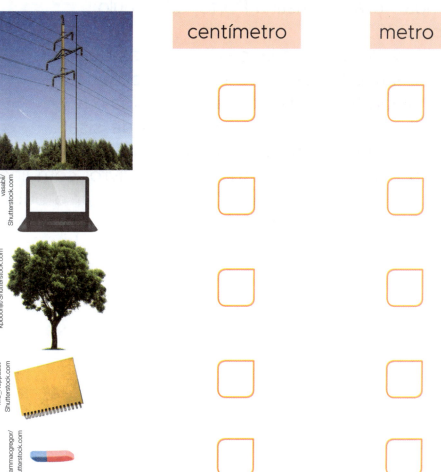

	centímetro	metro
	☐	☐
	☐	☐
	☐	☐
	☐	☐
	☐	☐

111

Periscópio

📖 Para ler

Como se fosse dinheiro, de Ruth Rocha. São Paulo: Salamandra, 2010. Série A Turma da Nossa Rua.

Você gostaria de receber balas no lugar do troco? Pois isso acontecia todos os dias com Catapimba, até que, cansado dessa situação, ele teve uma ideia. Afinal, bala e moeda são coisas bem diferentes! Esse livro, além de ensinar valores monetários, aborda temas como honestidade, esperteza e coragem.

Serafina e a criança que trabalha, de Jô Azevedo, Iolanda Huzak e Cristina Porto. São Paulo: Ática, 2005.

Relato verídico de crianças brasileiras que trabalham em lugares perigosos e poluídos para ajudar no sustento da família. Elas trabalham em carvoarias, em roças de sisal, nas ruas vendendo doces e em muitas outras atividades inapropriadas para a idade delas. O livro, com linguagem acessível aos jovens, propõe conscientizar o público infantil desse grave problema.

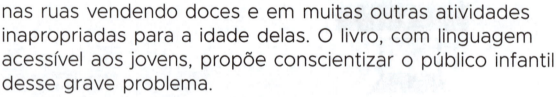

Caça ao tesouro

1. Observe o mapa e siga as instruções para encontrar o tesouro.

- Comece pelo número 32.
- Adicione 2 e ande até a casa correspondente.
- Vá até a casa de número 49.
- Subtraia 2 e encontre uma árvore.
- Adicione 3.

Parabéns! Você encontrou o tesouro!

O Sistema de numeração decimal e as operações

A adição e as trocas em nosso sistema de numeração

É hora de usar o Material Dourado!

Recorte o envelope e as peças das páginas 213 e 215, do **Material complementar**. Guarde as peças no envelope para preservá-las. Assim, você poderá usá-las quantas vezes precisar.

1. Olhando as peças de seu Material Dourado, complete:

   a) um ▪ corresponde a _____ unidade;

   b) uma ▭ corresponde a _____ unidades ou a uma dezena;

   c) precisamos de _____ ▭ para formar uma ou _____ centena.

2. Pegue de seu Material Dourado a quantidade de peças para representar os números a seguir. Veja dois exemplos:

   • O número 16.

   • O número 35.

   Agora é com você! Continue fazendo as representações com o Material Dourado e depois desenhe as peças que você usou para formar cada número.

   a) 17   b) 60   c) 94

3. Pense em uma quantidade de pedrinhas formada por 6 grupos com 10 pedrinhas cada. Agora adicione 4 pedrinhas.

a) Quantas pedrinhas há ao todo?

_____

b) Represente essa quantidade por meio de um desenho das barras e dos cubinhos do Material Dourado.

4. Guilherme decidiu juntar algumas pedrinhas. Ele juntou 3 grupos com 10 pedrinhas cada e mais 6 pedrinhas soltas.

a) Quantas pedrinhas Guilherme juntou?

_____

b) Represente a quantidade de pedrinhas que Guilherme juntou por meio de um desenho das peças do Material Dourado.

115

Grupos de 10 também são chamados de **dezenas**.
Em Matemática, dizemos que o número 64 é formado por
6 **dezenas** e **4 unidades** ou **64 unidades**. Veja:

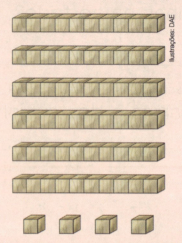

Já o número 36 é formado por **3 dezenas** e **6 unidades**
ou **36 unidades**. Observe:

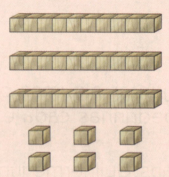

Se juntarmos as 64 pedrinhas com as 36 pedrinhas de
Guilherme, teremos 100 pedrinhas, ou seja, 100 unidades, ou
10 dezenas ou 1 centena:

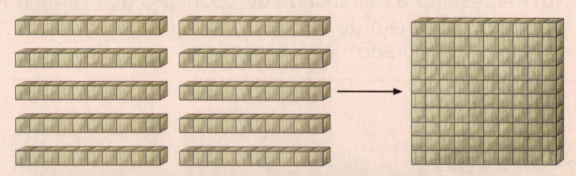

**Uma centena é o conjunto de 10 dezenas ou de
100 unidades**.
Um conjunto de **10 dezenas** forma **1 centena**.

Não podem ser 10 unidades!

Participantes:

Toda a turma organizada em grupos de 4 alunos.

Material:

- 2 dados;
- Material Dourado do **Material complementar**.

Como jogar

1. Decide-se a ordem em que cada um jogará. O jogador escolhido pelo grupo, na sua vez, lança os dois dados, soma a quantidade de pontos que saíram e pega para si a quantidade de unidades do Material Dourado correspondente à soma obtida.
2. Não é permitido pegar direto a dezena; deve-se começar pelas unidades.
3. Quando o jogador acumular 10 unidades do Material Dourado, deve trocá-las por 1 dezena.
4. Ao juntar 10 barras de 1 dezena cada, o jogador deve trocá-las por uma placa de 1 centena.
5. Ganha o jogo quem completar 1 centena primeiro.

- Quando terminar de jogar **não podem ser 10 unidades**, registre seu total de pontos no quadro valor de lugar.

Meu total de pontos

Com o Material Dourado		
Centena	Dezena	Unidade

Com algarismos		
Centena	Dezena	Unidade

Enquanto jogava **não podem ser 10 unidades**, Milena usou o quadro valor de lugar para fazer uma troca de dez unidades por uma dezena. Veja a seguir como ela fez.

Ela já tinha 23 pontos e, na jogada seguinte, obteve 8 como soma dos dois dados. Então, registrou assim:

C	D	U

+

C	D	U
	2	3
		8
	3	1

1. Dois amigos também estavam jogando **não podem ser 10 unidades**. Ajude-os a resolver a situação a seguir. Utilize o quadro valor de lugar.
Cleiton tinha 88 pontos e tirou 9 na soma dos dados. Com quantos pontos ele ficou?

C	D	U

C	D	U
	8	8
	+	9
	9	7

Até agora você já aprendeu e explorou várias maneiras de fazer uma adição. Veja a seguir a representação de diferentes jeitos de resolver o problema de Inês. Ela tem uma coleção com 36 tampinhas e conseguiu juntar, em duas semanas, mais 18. Com quantas tampinhas ela ficou?

A	C
(representação com material dourado nas colunas C D U, mostrando o agrupamento das unidades e resultado 54)	$\begin{array}{r} \overset{1}{3}\ 6 \\ +\ 1\ 8 \\ \hline 5\ 4 \end{array}$
B	**D**
36 + 18 30 + 6 + 10 + 8 40 + 14 54	36 + 18 30 + 10 = 40 8 + 6 = 14 40 + 14 = 54

2. Converse com o professor e os colegas a respeito de cada um dos procedimentos de cálculo. Escolha dois deles para comparar.

> Os procedimentos apresentados no quadro acima, para a resolução de um problema de adição, são chamados de **algoritmo da adição**.
> **Algoritmo é o nome dado, em Matemática, a um processo de cálculo**.
> No quadro acima vimos quatro algoritmos diferentes.

119

3. Resolva cada uma das operações a seguir usando dois algoritmos diferentes.

Operação	Algoritmo 1	Algoritmo 2
a) 22 + 19		
b) 65 + 37		
c) 70 + 44		

4. Calcule o resultado indicado pelas setas e complete a trilha.

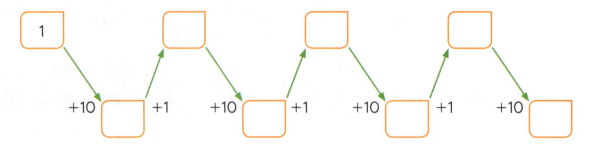

5. Descubra o número que está faltando para obter resultado igual a:

86	142
80 + ___	100 + ___ + 2
40 + ___ + 6	50 + ___ + 20 + ___ + 2
20 + 30 + ___ + 6	100 + ___ + ___ + 2
10 + ___ + 10 + ___ + ___	30 + 30 + ___ + ___ + 30 + 1 + 1

6. Pense rápido e decomponha em centenas, dezenas e unidades exatas:

a) 72 = _____

b) 246 = _____

c) 48 = _____

d) 473 = _____

e) 128 = _____

f) 95 = _____

g) 321 = _____

h) 304 = _____

7. Complete cada sequência respeitando a regra.

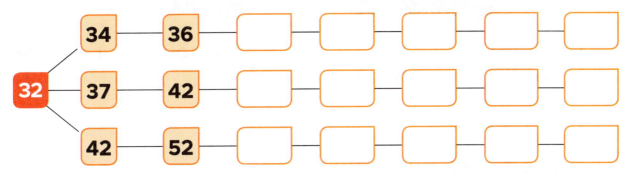

8. Vamos guardar as bolinhas nas caixas? Escolha duas bolinhas de cada vez e anote a adição formada na caixa correta. Faça isso para todas as bolinhas, sem repeti-las. Atenção: algumas caixas podem ter mais de uma adição para ser guardada.

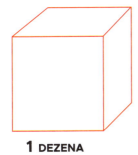 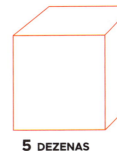 

1 DEZENA   5 DEZENAS   7 DEZENAS

121

Medida de massa

1. Observe as imagens abaixo:

 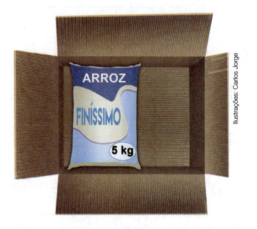

• Qual das duas caixas tem um objeto com maior massa? Explique sua resposta.

_____

2. Veja o que aconteceu agora:

 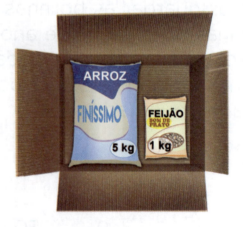

a) Contorne a caixa mais pesada.
b) Por que você contornou essa caixa?

_____
_____
_____

3. O que devo fazer para que as duas caixas voltem a ter a mesma massa sem retirar nenhum produto da que está mais pesada?

_____

Ao comparar a massa dos objetos das duas caixas, você percebeu que as duas voltariam a ficar com massas iguais se fosse colocada a mesma massa do feijão na primeira caixa.

Essa é a ideia das **balanças de dois pratos** ou **balanças de equilíbrio**. Veja:

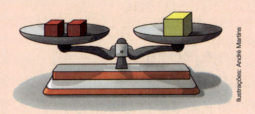

Olhando essa balança, podemos dizer que ela está equilibrada, ou seja, o cubo amarelo tem a mesma massa que os dois cubos vermelhos.

Agora vemos que a balança não ficou equilibrada, pois o cubo amarelo é mais pesado que o cubo vermelho.

4. Observe a imagem a seguir e complete as frases.

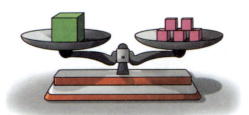

a) 1 cubo verde corresponde a _____ cubos rosa.

b) _____ cubos verdes correspondem a 10 cubos rosa.

123

Trocas com nosso dinheiro

1. Camila foi ao banco com duas notas de R$ 10,00. Veja ao lado o que ela disse ao caixa:

   - Agora responda: Quantas moedas de 1 real Camila recebeu?

   _____

2. Alan foi ao supermercado trocar suas moedas por notas de R$ 10,00. Veja ao lado o que a operadora do caixa disse a ele após receber as moedas:

   a) Quantas notas de R$ 10,00 a operadora do caixa dará a Alan? _____

   b) A operadora do caixa devolverá moedas para Alan? Por quê? Explique como você pensou.

   _____

   _____

3. Jéssica juntou moedas em seu cofrinho e agora quer trocá-las por notas de R$ 10,00. Ela tem:

   a) Quantas notas de R$ 10,00 ela receberá?

   _____

   b) Sobrarão moedas de R$ 1,00? Quantas?

   _____

Figuras geométricas espaciais

Veja a construção ao lado.

Nela foram usados objetos com as formas de algumas figuras geométricas espaciais que você já conhece:

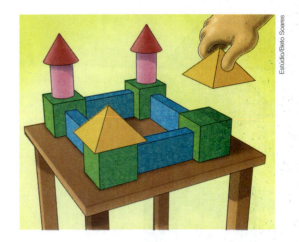

cubo

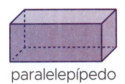
paralelepípedo

1. Converse com os colegas e o professor a respeito das outras figuras geométricas espaciais que aparecem nessa construção e complete o quadro com o nome de cada uma delas.

Figura geométrica espacial	Nome da figura

2. Sente-se com um colega e escolham uma dessas três figuras geométricas espaciais para comparar com o cubo. Encontrem uma característica parecida e uma diferente entre eles e as registrem no caderno. Depois, vejam o que outras duplas registraram e verifiquem se há algo que vocês gostariam de complementar com base nos registros dos outros colegas.

3. Ligue cada figura geométrica espacial ao objeto que mais se parece com ela.

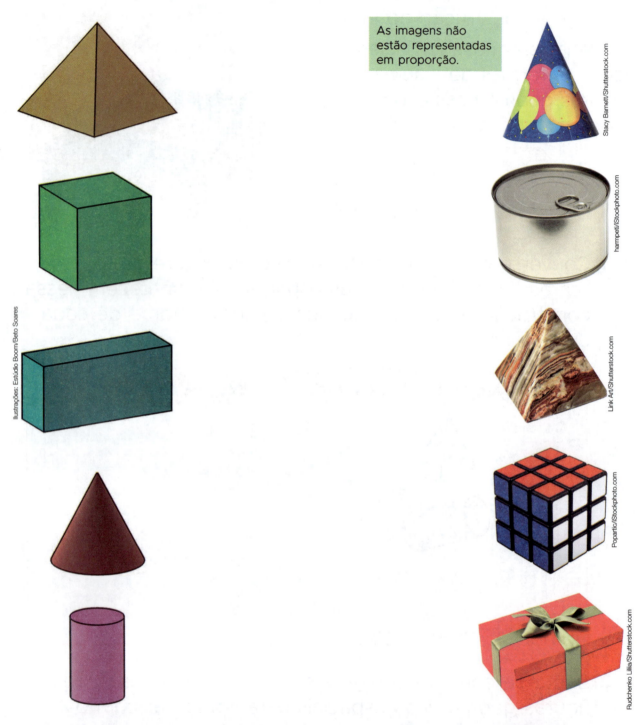

As imagens não estão representadas em proporção.

4. Imagine que você precisará descrever a um colega uma das figuras geométricas espaciais que estudamos. Qual você quer descrever? O que você falará a ele?

Gráfico

1. A professora Renata queria saber qual era o conto de fadas preferido dos alunos da turma dela. Com base nos dados que coletou, ela organizou a tabela a seguir:

Contos de fadas preferidos da minha turma

Conto	Quantidade de alunos
A Bela e a Fera	18
A princesa e o grão de ervilha	6
A Rainha da Neve	8
João e Maria	6

Fonte: Dados coletados pela professora Renata.

Em seguida, a professora propôs aos alunos que criassem um gráfico de barras com os resultados obtidos para ser exposto no mural. Ajude-os nessa tarefa! Pinte um quadradinho para cada escolha.

Contos de fadas preferidos da minha turma

127

2. Agora é a vez da sua turma! Organize uma tabela com os contos de fadas da preferência de todos.

- **1º passo:** listar quatro contos que deseja pesquisar;
- **2º passo:** coletar as informações de quantos alunos preferem cada um dos contos;
- **3º passo:** organizar os dados em uma tabela como esta:

Título da tabela: _____

Conto de fada	Quantidade de alunos

- **4º passo:** colocar os dados da tabela em um gráfico de barras. Observe que os eixos já foram nomeados. Em um deles você deve registrar o nome dos contos e, no outro, pintar o número de quadradinhos que corresponde à quantidade de alunos que escolheu cada conto.

Título do gráfico: _____

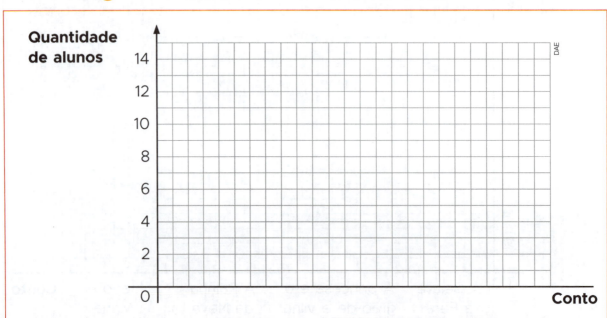

Coleção de problemas

1. Leia o problema a seguir e depois faça o que se pede.

> Melissa estava lendo a página 38 de um livro. Sua amiga, Angélica, estava na página 58. Quantas páginas Angélica leu a mais que Melissa?

a) Contorne de 🍂 a pergunta do problema.

b) Pinte de 🍂 os dados do problema, ou seja, as informações de que você precisará para responder à pergunta.

c) Contorne de 🍂 a história do problema.

d) Agora mostre como essas informações podem ajudá-lo a resolver o problema.

_____

2. Resolva o problema a seguir em dupla.
A fábrica de calçados Calça Bem organiza as caixas de sapatos em pacotes com 15 caixas em cada um. Depois, cada 10 pacotes são colocados em caixas grandes.

a) Com 24 caixas de sapatos, quantos pacotes são feitos? Quantas caixas sobram?

_____

129

b) Se a fábrica precisar formar 6 pacotes de caixas de sapatos, quantas caixas serão necessárias?

c) Se um cliente receber 1 caixa grande com pacotes de caixas de sapatos, quantas caixas ele receberá?

3. Determine o valor que Gustavo pagou por um par de meias, sabendo que ele recebeu 12 reais de troco após entregar uma nota de 20 reais ao caixa da loja.

4. (Saresp 2008) Mariana tinha algumas canetas e ganhou 4 de sua mãe, ficando com 17 canetas. A quantidade de canetas que Mariana tinha antes de ganhar as de sua mãe era de:

a) 13

c) 7

b) 10

d) 4

5. Joaquim foi passear em uma fazenda e ficou encantado com a quantidade de animais que tinha por lá. Enquanto andava, foi marcando a quantidade de animais que via. Depois, quando chegou em casa, montou a tabela a seguir:

Registro de Joaquim

Animais que eu vi	Desenho do animal	Quantidade
aves	Ilustrações: Carlos Jorge	
bois e vacas		
cavalos		
porcos		

Fonte: Dados coletados por Joaquim.

• Escolha dois grupos de animais e elabore um problema para eles. Depois, troque seu problema com um colega para ele resolver o seu enquanto você resolve o dele.

_____

_____

131

Retomada

1. Pinte menos de uma dezena de círculos:

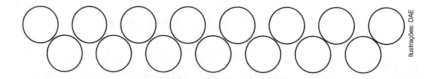

2. Em sua turma há menos ou mais do que uma dezena de meninos? E de meninas?

_____

3. Três cavalos juntos têm menos ou mais do que uma dezena de patas?

_____

4. Represente os números a seguir usando as barras e os cubinhos do Material Dourado. Depois, registre-os no quadro valor de lugar.

a) 37

b) 78

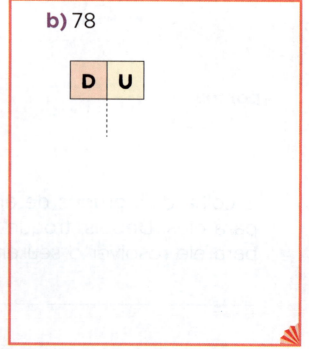

5. Escolha duas maneiras diferentes para resolver cada uma das operações abaixo.

Operação	Primeira maneira	Segunda maneira
45 + 37		
77 + 23		
40 + 19		

6. Jorge pagou uma conta usando as seguintes notas:

As notas não estão representadas em proporção.

Fotografias: Banco Central do Brasil

a) Qual foi o valor da conta?

b) Se Jorge quisesse usar menos notas para pagar essa mesma conta, que notas ele poderia usar?

133

Periscópio

📖 Para ler

Irmãos gêmeos, de Young So Yoo. São Paulo: Callis, 2009. Coleção Tan Tan.
O livro apresenta, de forma lúdica, a comparação entre volumes e quantidades por meio da história de dois irmãos gêmeos que são muito amigos mas também muito competitivos.

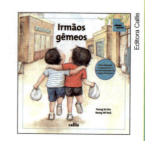

Como fugir do gato assustador, de Choi Yun Jeong. São Paulo: Callis. Coleção Tan Tan.
O livro mostra como é fácil montar um gráfico com base na coleta e na organização dos dados. De maneira lúdica e engraçada, 15 ratinhos da fazenda ensinam a elaborar diversos gráficos, tornando fácil seu aprendizado.

O que cabe na mochila?, de Yoo Young-So. São Paulo: Callis. Coleção Tan Tan.
Júlia vai viajar e levará suas coisas na mochila, mas não caberá tudo... O que levar? O mais leve, o menor ou mais curto? De forma singela e clara, você aprenderá a comparar diferentes objetos, tanto pelo comprimento quanto pelo peso e volume.

134

UNIDADE 7
Arte por todos os cantos

1. Aprecie as obras do artista Túlio Pinto:

Túlio Pinto. *Compensação III*, 2013. Dois cubos de aço e lâmina de vidro, 90 cm × 90 cm × 90 cm.

Túlio Pinto. *Compensação II*, 2011. Dois cubos de aço e lâmina de vidro, 275 cm × 90 cm × 125 cm.

Túlio Pinto. *Cumplicidade #11*, 2016. Aço corten, 330 cm × 150 cm × 290 cm.

- O que está representado nessas estruturas? Converse com os colegas e o professor sobre elas.

A estrutura das figuras geométricas espaciais

1. O objetivo do artista ao fazer essas construções foi explorar a estrutura de dois sólidos geométricos: o _____ e o _____.

2. Esta é a estrutura do _____.

3. Esta é a estrutura do _____.

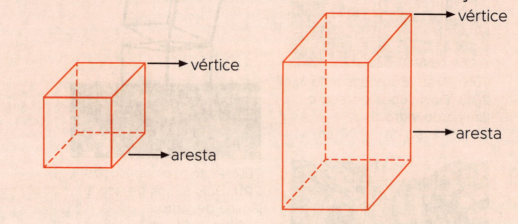

Quando montamos a estrutura de um sólido geométrico, deixamos em evidência seus vértices e arestas. Veja:

As imagens não estão representadas em proporção.

4. Vamos construir a estrutura de um cubo ou de um paralelepípedo? Com vareta e massa de modelar é possível montar a estrutura de uma figura geométrica espacial.

a) As varetas representarão as _____ e a massa de modelar representará os _____ da figura geométrica espacial.

136

b) Junte-se a um colega, peguem o material e completem o texto:

Para construir a estrutura de um

_____, vocês precisarão

de _____ varetas e de _____ pedaços de massinha de modelar.

c) Faça o desenho da estrutura da figura geométrica espacial que vocês construíram.

5. Complete as frases e responda à questão.

a) Ao montar a estrutura de um cubo, percebemos que

ele tem 8 _____ e 12 _____.

b) O paralelepípedo tem _____ vértices e _____ arestas.

c) O que eles têm de diferente?

_____

137

Medida de massa

1. Observe a imagem:

a) Por que essas crianças subiram na balança?

_____

b) Uma balança está indicando 35 kg e a outra, 31 kg. O que esses números significam?

_____

c) O que significa "kg"?

_____

> Quando compramos açúcar, feijão, arroz ou quando vamos ao médico e subimos em uma balança, usamos a palavra **quilo** para dizer qual é a **massa** do que está sendo medido.
>
> A unidade mais usada é o **quilograma**, que usualmente chamamos de **quilo**. Nas embalagens, ou mesmo em algumas balanças, encontramos o símbolo **kg**, que representa a palavra **quilograma**.
>
> Assim, nas balanças acima, podemos ler: "trinta e um quilogramas (ou quilos)" e "trinta e cinco quilogramas (ou quilos)".

2. Três amigos, Leonardo, Renato e Ronaldo, estavam brincando de gangorra no parque. Observe:

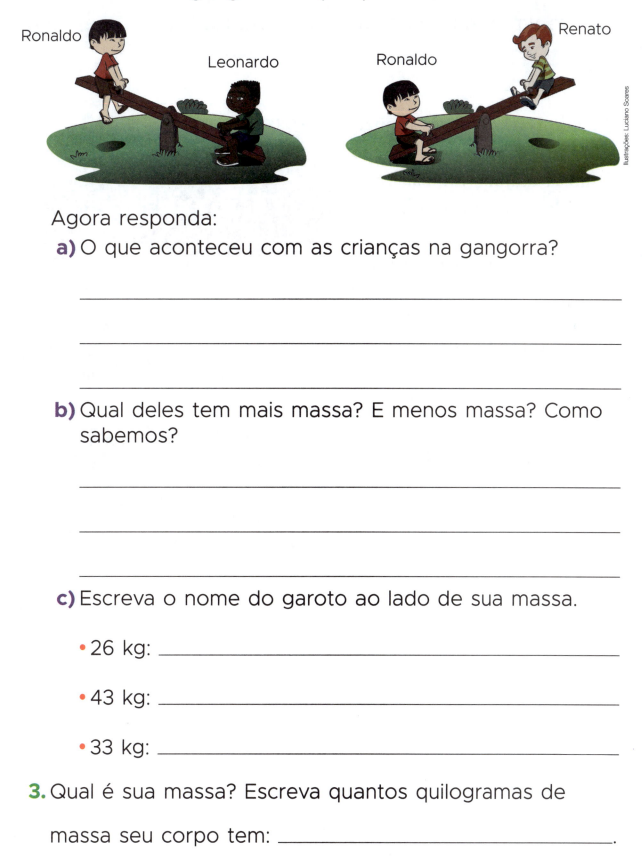

Agora responda:

a) O que aconteceu com as crianças na gangorra?

_____

_____

_____

b) Qual deles tem mais massa? E menos massa? Como sabemos?

_____

_____

_____

c) Escreva o nome do garoto ao lado de sua massa.

• 26 kg: _____

• 43 kg: _____

• 33 kg: _____

3. Qual é sua massa? Escreva quantos quilogramas de massa seu corpo tem: _____.

139

 **Hora**

1. Leia um trecho da música "As caveiras".

As caveiras

Quando o relógio bate a uma,
todas as caveiras saem da tumba;
Tumbalacatumba tumbalacata
Tumbalacatumba tumbalacata

Quando o relógio bate as duas,
todas as caveiras saem nas ruas;
Tumbalacatumba tumbalacata
Tumbalacatumba tumbalacata

Quando o relógio bate as três,
todas as caveiras jogam xadrez;
Tumbalacatumba tumbalacata
Tumbalacatumba tumbalacata
[...]

Domínio público.

 Responda às perguntas a seguir e depois compartilhe suas respostas com os colegas.

a) Qual é a hora do dia de que você mais gosta?

_____

b) A que horas você costuma acordar?

_____

c) E a que horas você costuma dormir?

_____

140

2. Observe a conversa das crianças.

a) Você começa a estudar antes ou depois do meio-dia?

_____

b) Por que dizemos meio-dia? O que isso quer dizer?

_____

3. Contorne o relógio que marca meio-dia.

> Um dia tem 24 horas, então a metade de um dia tem 12 horas. Por isso dizemos **meio-dia** ou **meia-noite** quando o relógio marca o número 12.

Você sabia que podemos dividir o dia em quatro períodos: madrugada, manhã, tarde e noite?
O período da **madrugada** vai da 0 hora às 6 horas; o da **manhã** vai das 6 horas às 12 horas; o período da **tarde** dura das 12 horas às 18 horas; e o da **noite** acontece das 18 horas às 24 horas (ou 0 hora novamente).

4. Observe as imagens. Elas representam ações que podemos fazer antes do meio-dia e depois do meio-dia. Ligue-as aos relógios que marcam os horários em que elas acontecem.

5. Clarissa vai à escola no período da manhã. Ela chega às 7 horas e vai embora às 12 horas. Quanto tempo ela fica na escola? _____

6. Eduardo foi ao cinema com um amigo. O filme começou às 16 horas e acabou às 18 horas. Quanto tempo durou o filme? _____

7. João viajou durante 4 horas. Sabendo que ele saiu de sua casa às 14 horas, a que horas ele chegou a seu destino? _____

Calendário

1. Observe o calendário do mês de dezembro de 2019.

Domingo	Segunda-feira	Terça-feira	Quarta-feira	Quinta-feira	Sexta-feira	Sábado
1	2	3	4	5	6	7
8	9	10	11	12	13	14
15	16	17	18	19	20	21
22	23	24	25	26	27	28
29	30	31				

a) Em que dia da semana começa o mês? _____

b) Em que dia da semana acaba o mês? _____

c) Pedro faz aniversário no dia 27 de dezembro. Pinte o dia do aniversário dele.

d) Pedro e sua irmã, Manuela, farão uma viagem para visitar o avô deles. Os irmãos chegarão ao destino em 17 de dezembro e Pedro estará de volta à sua casa dois dias depois da data em que faz aniversário. Quanto tempo ele ficará na casa do avô?

_____

e) Manuela, irmã de Pedro, ficará na casa do avô por mais 5 dias. Que dia ela voltará?

_____

f) Invente uma pergunta para o calendário mostrado. Troque de caderno com um colega para ele responder à sua pergunta e você, à dele.

143

Multiplicação

1. Observe a cena:

a) Se cada 🐞 tem 6 patas, quantas patas de joaninha aparecem na imagem? _____

b) Se uma 🐜 tem 6 patas, quantas patas de formiga aparecem na imagem? _____

c) Se um 🐦 tem 2 pés, quantos pés de passarinho aparecem na imagem? _____

d) Converse com os colegas sobre como cada um fez para descobrir a quantidade de patas dos animais que aparecem na cena.
Veja a seguir como duas crianças pensaram:

As imagens não estão representadas em proporção.

144

2. Desenhe 2 antenas em cada abelha.

Quantidade de antenas: _____ Quantidade de antenas: _____ Quantidade de antenas: _____

Assim, podemos escrever:

2 + 2 + 2 = 6; portanto, 6 antenas.

O número 2 é somado 3 vezes, porque são 3 abelhas. Para facilitar essa escrita, podemos representá-la da seguinte maneira:

3 **vezes** 2 antenas são 6 antenas.

Em Matemática, podemos escrever:

3 × 2 = 6.

As imagens não estão representadas em proporção.

> O sinal **×** quer dizer "vezes", e usamos ele para representar uma **multiplicação**.
> Dessa maneira, podemos ter duas escritas matemáticas:
> - escrita aditiva: 2 + 2 + 2 = 6;
> - escrita multiplicativa: 3 × 2 = 6.

3. Observe as imagens e escreva uma adição e uma multiplicação para indicar a quantidade de patas de cada grupo de insetos.

Escrita aditiva: _____.

Escrita multiplicativa: _____.

Escrita aditiva: _____.

Escrita multiplicativa: _____.

145

Jogo de argolas – tabuada do 2

Você já jogou argolas? Veja como é divertido e fácil de fazer!

Material:

- 6 garrafas PET vazias e limpas;
- 6 folhas de jornal;
- fita adesiva ou fita-crepe;
- água;
- anilina da cor de sua preferência.

Como fazer

1. Coloque água até pelo menos metade de cada garrafa.
2. Acrescente anilina para colorir a água.
3. Tampe as garrafas e chacoalhe-as para a anilina ficar bem misturada.
4. Prepare 6 argolas usando as folhas de jornal. Veja como fazer nas fotografias ao lado.
5. Quando a argola estiver pronta, passe fita adesiva ou fita-crepe para prender, assim:

Como jogar

Disponha as garrafas no chão, lado a lado, e arremesse as argolas para tentar acertá-las. Atenção: cada argola encaixada vale 2 pontos.

Boa diversão!

146

1. Fabiana e Henrique jogaram uma partida de **jogo das argolas**. Cada argola encaixada nas garrafas valia 2 pontos. Ao final de cada rodada, eles marcavam seus pontos em um quadro. Observe como eles fizeram e complete com as informações que faltam.

Jogadas de Fabiana		
Quantidade de argolas encaixadas	Valor de cada argola	Pontuação
1	2	2
2	2	_____ + _____ = 4
3	2	_____ + _____ + _____ = 6
5	2	_____ + _____ + _____ + + _____ + _____ = 10

Jogadas de Henrique		
Quantidade de argolas encaixadas	Valor de cada argola	Pontuação
2	2	_____ + _____ = 4
5	2	_____ + _____ + _____ + + _____ + _____ = 10
6	2	_____ + _____ + _____ + + _____ + _____ + _____ = 12
1	2	2

147

Agora responda:

a) Quantos pontos Fabiana fez?

_____

b) Quantos pontos Henrique fez?

_____

c) Quem fez mais pontos?

_____

d) Quantos pontos um fez a mais que o outro?

_____

2. Observe novamente os quadros da página anterior e responda: Qual é o número que mais aparece? _____

Isso aconteceu porque cada argola valia _____.
Henrique e Fabiana precisaram contar 2 pontos para cada argola encaixada.

Para lembrar...

Você já estudou que, para esses casos, podemos ter duas escritas matemáticas:
- escrita aditiva: $2 + 2 + 2 + 2 = 8$;
- escrita multiplicativa: $4 \times 2 = 8$.

3. Complete a escrita aditiva e faça a escrita multiplicativa para as jogadas de Fabiana listadas a seguir.

Escrita aditiva   Escrita multiplicativa

a) _____ + _____ = 4   _____ $\times$ _____ = _____

b) _____ + _____ + _____ = 6   _____ $\times$ _____ = _____

4. Se você juntasse seu jogo de argolas com o de um amigo, para terem 10 garrafas e 10 argolas, quais seriam as possibilidades de pontuação? Complete o quadro para descobrir a resposta.

Quantidade de argolas encaixadas	Contagem dos pontos	Escrita multiplicativa	Pontuação
0	0	0 × 2	0
1	2	1 × 2	2
2	2 + 2	2 × 2	4
_____	2 + 2 + 2	_____ × 2	_____
4	2 + 2 + 2 + 2	_____ × 2	_____
_____	2 + 2 + 2 + 2 + + 2	_____ × _____	_____
6	2 + 2 + 2 + 2 + + 2 + 2	_____ × 2	_____
_____	2 + 2 + 2 + 2 + + 2 + 2 + 2	_____ × 2	_____
8	2 + 2 + 2 + 2 + + 2 + 2 + 2 + 2	_____ × 2	_____
9	2 + 2 + 2 + 2 + + 2 + 2 + 2 + + 2 + 2	_____ × 2	_____
_____	2 + 2 + 2 + 2 + + 2 + 2 + 2 + + 2 + 2 + 2	_____ × 2	_____

Essa sequência de adições de 2 em 2 ajuda a organizar a **tabuada do 2**.

 Dobro

Você já fez massa de modelar? Vamos fazê-la com os colegas e o professor?

Massinha de modelar caseira

Ingredientes:

- 4 xícaras de farinha de trigo;
- 1 xícara de sal;
- 2 colheres de sopa de óleo;
- 1 colher de sopa de vinagre;
- água para misturar;
- corante alimentício para colorir.

Modo de preparo

1. Numa vasilha, misture todos os ingredientes.
2. Separe um pedaço da massa e faça uma bolinha.
3. Nesse pedaço que você separou, faça um buraco pequeno e pingue algumas gotas de corante alimentício para colorir.
4. Amasse até que a cor se espalhe por toda a bolinha. Você pode fazer quantas bolinhas quiser, uma de cada cor.

Pronto! Agora é só brincar!

E se pedissem para você dobrar a receita, o que você faria?

> Usamos a palavra **dobro** para expressar a ideia de que uma quantidade é 2 vezes a outra.

Podemos expressar o dobro de 3, por exemplo, de duas maneiras:

- por meio de uma escrita aditiva: 3 + 3 = 6; essa maneira mostra que o 3 foi adicionado 2 vezes;
ou
- por meio de uma escrita multiplicativa: 2 × 3 = 6; essa maneira mostra que o 3 foi multiplicado por 2.

1. Ajude Ana Beatriz a calcular a quantidade de ingredientes que a mãe dela usará para fazer o dobro da receita de massa de modelar. Complete a lista.

Ingredientes:

- _____ xícaras de farinha de trigo;

- _____ xícaras de sal;

- _____ colheres de sopa de óleo;

- _____ colheres de sopa de vinagre;

- água para misturar;

- corante alimentício para colorir.

2. Podemos afirmar que o dobro de 2 é 4. Dê o dobro de alguns resultados da **tabuada do 2**.

a) 0 × 2 = ___ $\xrightarrow{\text{o dobro}}$ ___

b) 1 × 2 = ___ $\xrightarrow{\text{o dobro}}$ ___

c) 2 × 2 = ___ $\xrightarrow{\text{o dobro}}$ ___

d) 3 × 2 = ___ $\xrightarrow{\text{o dobro}}$ ___

e) 4 × 2 = ___ $\xrightarrow{\text{o dobro}}$ ___

f) 5 × 2 = ___ $\xrightarrow{\text{o dobro}}$ ___

🔷 Tabuada do 4

1. Para organizar a **tabuada do 4**, complete a tabela:

0 × 4 =	0
1 × 4 =	4
2 × 4 =	4 + 4 = 8
3 × 4 =	___ + ___ + ___ = ___
4 × 4 =	___ + ___ + ___ + ___ = ___
5 × 4 =	___ + ___ + ___ + ___ + ___ = ___
6 × 4 =	4 + 4 + 4 + 4 + 4 + 4 = ___
7 × 4 =	4 + 4 + 4 + 4 + 4 + 4 + 4 = ___
8 × 4 =	4 + 4 + 4 + 4 + 4 + 4 + 4 + 4 = ___
9 × 4 =	4 + 4 + 4 + 4 + 4 + 4 + 4 + 4 + 4 = ___
10 × 4 =	__ + __ + __ + __ + __ + __ + __ + __ + __ + __ = ___

2. Essa sequência de adições de 4 em 4 ajuda a organizar a tabuada do 4. Complete a escrita multiplicativa.

0 × 4 = 0   ___ × 4 = 16   ___ × 4 = 32

1 × 4 = 4   ___ × ___ = 20   ___ × 4 = 36

2 × 4 = 8   ___ × 4 = 24   ___ × 4 = 40

___ × 4 = 12   7 × ___ = 28

3. O que você percebeu de interessante na tabuada do 4?

4. Compare os resultados da **tabuada do 2 e do 4**. O que você percebe?

152

Placas e bolinhas

Participantes:

Alunos reunidos em duplas.

Material:

- papel;
- lápis;
- 1 dado;
- placas e bolinhas da página 217, do **Material complementar**.

Regras

1. Decide-se quem começará o jogo.
2. Na sua vez de jogar, o jogador lança o dado uma vez para descobrir quantas placas deverá pegar. Então, lança o dado mais uma vez para descobrir quantas bolinhas serão colocadas em cada placa. Exemplo:

3. Depois de organizar as placas e as bolinhas, o jogador deverá escrever a sentença matemática que representa o total de bolinhas. Por exemplo:

> Para a jogada exemplificada acima, o jogador deverá escrever no papel:
> 3 + 3 + 3 + 3 = 12 = 4 × 3 = 12.

4. O jogador que errar a escrita ou o total perde a vez.

5. Vence quem conseguir o maior número de bolinhas ao final de 7 rodadas.

Depois de jogar responda:

- Quem ganhou o jogo? _____

- Quantas bolinhas você conseguiu? _____

- Qual é o maior número de placas que você pode

  conseguir, considerando o lançamento do dado? _____

1. Maíra lançou o dado e obteve: . Depois, lançou-o novamente: .

Represente com um desenho quantas placas e bolinhas do jogo Maíra pôde pegar e registre a escrita matemática correspondente à jogada.
Escrita matemática:

_____.

2. Luísa lançou o dado: . Depois,

lançou-o novamente: .
Represente com um desenho quantas placas e bolinhas do jogo Luísa pôde pegar e registre a escrita matemática correspondente à jogada.

Escrita matemática: _____.

3. João Vítor conseguiu 12 bolinhas em uma jogada. Quais números ele pode ter tirado nos dados?

_____

Até 100

1. Contorne no quadro numérico os números ditados.

1	2	3	4	5	6	7	8	9	10
11	12	13	14	15	16	17	18	19	20
21	22	23	24	25	26	27	28	29	30
31	32	33	34	35	36	37	38	39	40
41	42	43	44	45	46	47	48	49	50
51	52	53	54	55	56	57	58	59	60
61	62	63	64	65	66	67	68	69	70
71	72	73	74	75	76	77	78	79	80
81	82	83	84	85	86	87	88	89	90
91	92	93	94	95	96	97	98	99	100

2. Agora observe o quadro e faça o que se pede.

a) Qual é o antecessor de 99? _____

b) Qual é o sucessor de 99? _____

c) Qual número está entre 98 e 100? _____

d) Qual número está entre 46 e 48? _____

e) Pinte de 🍁 o número formado por  .

155

3. Agrupe as frutas de 10 em 10. Depois, complete o quadro valor de lugar com a quantidade correspondente às dezenas e unidades e escreva o número obtido por extenso.

As imagens não estão representadas em proporção.

a)

Quantidade de grupos formados	Quantidade de frutas que não estão agrupadas
Dezena	Unidade

Escrita por extenso: _____.

b)

Quantidade de grupos formados	Quantidade de frutas que não estão agrupadas
Dezena	Unidade

Escrita por extenso: _____.

c)

Quantidade de grupos formados	Quantidade de frutas que não estão agrupadas
Dezena	Unidade

Escrita por extenso: _____.

Podemos dizer que os números formados são compostos de dezenas e unidades. Veja o exemplo do número 26.
2 dezenas + 6 unidades = 26 ou vinte e seis

156

Subtração

Uma granja produziu 97 ovos e vendeu 34. Quantos ovos a granja ainda pode vender?

Para resolver esse problema, Gabriele usou o Material Dourado. Veja:

Primeiro, ela representou a quantidade de ovos que a granja produziu.

Depois, retirou a quantidade de ovos que a granja vendeu. Começou pelas unidades e riscou 4 dos 7 cubinhos que tinha. Então, sobraram 3 cubinhos, ou seja, 3 unidades.

Em seguida, retirou 3 dezenas das 9 que tinha. Ficou, então, com 6 dezenas.

Gabriele representou tudo com a sentença matemática:

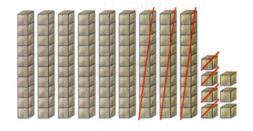

97 − 34 = 63

1. Faça como Gabriele: utilize a representação do Material Dourado em cada item para resolver as subtrações.

a) 75 − 23 = _____

b) 68 − 46 = _____

157

Em Matemática, há uma maneira de fazer a subtração chamada **algoritmo**, que é um processo de cálculo. Observe a conta abaixo:

97 − 34 = ?

O número que aparece primeiro na sentença é chamado de **minuendo**; o segundo número é o **subtraendo**; e o resultado é chamado de **resto** ou **diferença**.

Para organizar o algoritmo, precisamos:

1º) nomear as ordens da subtração; →

Dezena	Unidade
9	7
− 3	4
6	3

2º) escrever o minuendo posicionando os algarismos nas ordens corretas; →

3º) escrever o subtraendo abaixo do minuendo e posicionar os algarismos nas ordens corretas; →

4º) e calcular o resto ou a diferença. →

2. Use o algoritmo para calcular o resto ou a diferença das subtrações.

a) 87 − 15 = _____

Dezena	Unidade

c) 29 − 17 = _____

Dezena	Unidade

b) 73 − 21 = _____

Dezena	Unidade

d) 37 − 16 = _____

Dezena	Unidade

e) 35 − 14 = _____

Dezena	Unidade

f) 47 − 16 = _____

Dezena	Unidade

3. Complete os quadros.

+	2	4	6
3			
5			
7			
9			

+	1	3	4
2			
6			
8			
10			

4. Complete os espaços, de modo que todas as somas sejam 15.

a) ____ + 1 = 15

b) ____ + 2 = 15

c) ____ + 3 = 15

d) ____ + 4 = 15

e) ____ + __ = 15

f) __ + __ = 15

g) __ + __ = 15

h) __ + __ = 15

i) __ + __ = 15

5. Complete as subtrações.

a) 30 − 10 = ____   40 − 10 = ____   50 − 10 = ____

b) 30 − 20 = ____   40 − 20 = ____   50 − 20 = ____

c) 30 − 30 = ____   40 − 30 = ____   50 − 30 = ____

6. Pinte a imagem de acordo com a legenda.

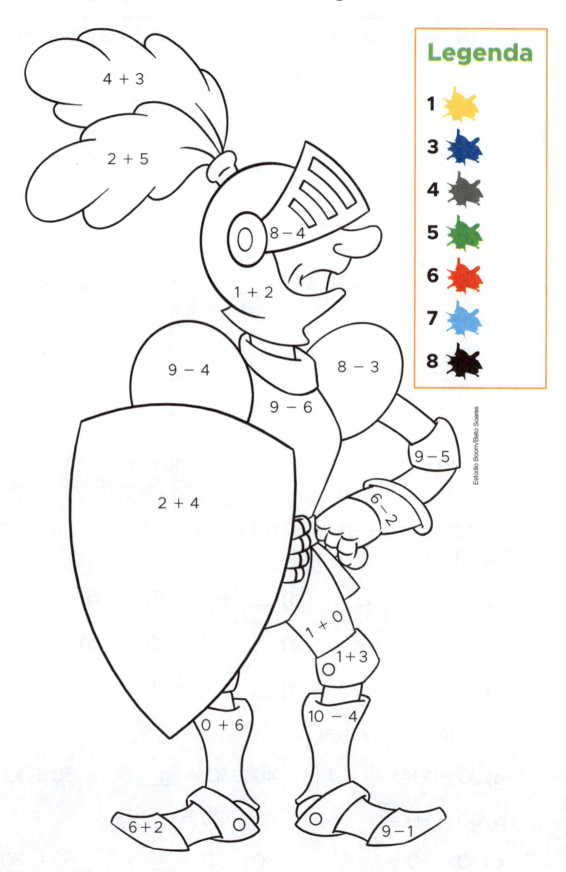

160

7. Observe como Helena fez para calcular mentalmente 26 + 32:

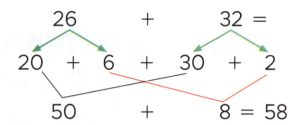

Use a estratégia de Helena para calcular:

a) 33 + 44 =

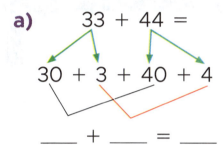

___ + ___ = ___

b) 25 + 13 =

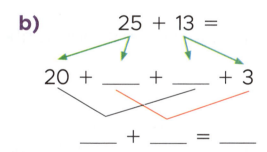

___ + ___ = ___

c) 72 + 26 =

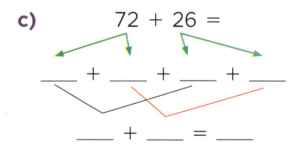

___ + ___ = ___

8. Complete as sequências.

a) 20 →+5→ ☐ →+10→ ☐ →−5→ ☐ →−5→ ☐

b) 39 →−9→ ☐ →+5→ ☐ →−2→ ☐ →+4→ ☐

c) 61 →+9→ ☐ →−10→ ☐ →+6→ ☐ →−2→ ☐

161

Geleia de laranja!

Cíntia faz geleia de laranja para vender. Ela recebeu uma encomenda e vai precisar de 36 laranjas. Veja a quantidade de laranjas que ela tem.

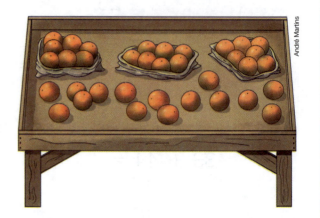

1. Você acha que ela tem laranjas suficientes?

    ☐ Sim.   ☐ Não.

2. Faça uma estimativa e pinte a afirmação correspondente.

   | Cíntia tem mais do que 50 laranjas. |

   | Cíntia tem mais do que 36 e menos do que 50 laranjas. |

   | Cíntia tem menos do que 36 laranjas. |

   | Cíntia tem exatamente 36 laranjas. |

3. Conte as laranjas e descubra a quantidade. _____

4. Como foi sua estimativa? Pinte o desenho que representa seu desempenho.

Coleção de problemas

1. Marque com um **X** as perguntas que podem ser respondidas por meio da observação das imagens.

☐ Quantas crianças praticam ginástica olímpica?

☐ Quantos anos tem a menina que está na trave?

☐ Quantos técnicos estão na sala de ginástica?

☐ O que há mais: meninos ou meninas?

☐ Quem é Marcela?

2. Converse com os colegas e o professor sobre as perguntas que podem ser respondidas por meio da observação das imagens e justifique por que algumas não puderam ser respondidas.

163

3. Crie uma pergunta que possa ser respondida por meio da observação das imagens.

_____

_____

_____

4. Na padaria Doce Pão, o padeiro faz 50 pães de sal, 30 pães doces e 10 pães italianos.

a) Escolha e marque com um **X** a pergunta que completa o problema acima, de tal modo que ele seja resolvido pela adição 50 + 30 + 10.

☐ Quantos reais o dono da padaria arrecada por dia?

☐ Quantos pães o padeiro fez?

☐ Quantos bolos a padaria prepara?

b) Resolva o problema.

Resposta: _____.

5. Quem sou eu?
Tenho oito vértices
Doze arestas
E seis faces
Minhas faces não são todas iguais.

_____

6. Elton tem R$ 30,00. Quais produtos da mercearia ele pode comprar?

7. Uma mesa tem 4 pés. Quantos pés têm 5 mesas?

Resposta: _____

8. Ricardo adora brincar de bater figurinhas com os amigos. Ontem ele levou 76 figurinhas para bater. Perdeu 13. Com quantas figurinhas ele ficou?

Resposta: _____.

9. Daniel tem 25 carrinhos vermelhos e Carlos tem 23 carrinhos azuis. Quantos carrinhos eles têm juntos?

Resposta: _____.

Retomada

1. Marque com um **X** o quadradinho que representa a estrutura do cubo.

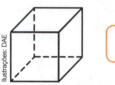 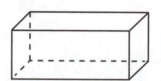

2. Numere as caixas da mais leve para a mais pesada.

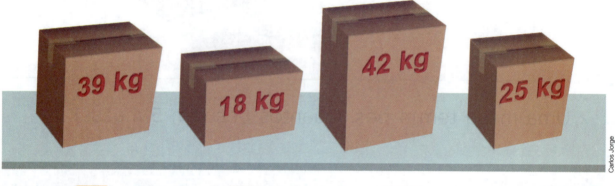

3. Complete as partes do quadro numérico.

a)

12	13		
	23		

b)

		47
55		
65		

4. Resolva as adições e as subtrações a seguir.

a) 12 + 13 = _____

c) 99 − 15 = _____

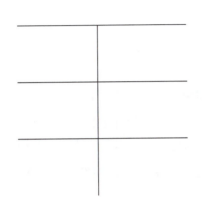
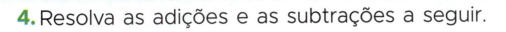

b) 74 + 24 = _____

d) 84 − 33 = _____

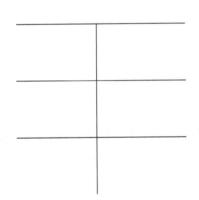
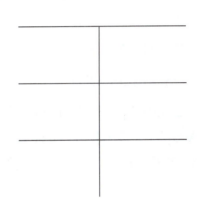

5. Registre as escritas aditiva e multiplicativa das situações a seguir.

a) Um pássaro tem 2 asas. Quantas asas têm 4 pássaros?

Escrita aditiva: _____

Escrita multiplicativa: _____

b) Um cavalo tem 4 patas. Quantas patas têm 7 cavalos?

Escrita aditiva: _____

Escrita multiplicativa: _____

Construir um mundo melhor

Comer, comer!

Comer é muito importante para a nossa saúde. Mas será que você está se alimentando direito?

Uma refeição completa deve oferecer todos os nutrientes de que nosso corpo precisa. É importante saber que as pessoas só têm uma alimentação saudável quando comem de maneira adequada. E o que é comer de maneira adequada?

Para uma refeição ser considerada saudável e equilibrada, deve conter, além de fibras, três tipos de nutrientes:

- os ricos em proteínas;
- os ricos em vitaminas e sais minerais;
- e os que fornecem energia.

Veja a seguir um exemplo de refeição saudável capaz de oferecer a nosso corpo todos esses nutrientes:

Fotografias: Diogoppr/Dreamstime.com

Na hora de montar seu prato, lembre-se: quanto mais colorido ele estiver, mais saudável será. Inclua sempre verduras e legumes. Eles fazem muito bem para o nosso corpo e nos deixam mais dispostos para brincar e estudar!

Você sabia que é possível ter uma alimentação saudável e deliciosa ao mesmo tempo? Veja esta receita!

Picolé de *tutti-frutti*

Ingredientes:

- meia xícara de *kiwi* cortado em pedaços pequenos;
- meia xícara de morangos cortados em pedaços pequenos;
- meia xícara de melancia cortada em pedaços pequenos;
- meia xícara de banana cortada em pedaços pequenos;
- pouco menos da metade de uma xícara de suco de abacaxi ou laranja.

Modo de preparo

1. Misture todas as frutas em um recipiente.
2. Em seguida, despeje-as igualmente em copos descartáveis. Esses copos darão forma a seu picolé. Com essa receita, é possível fazer até 4 picolés.
3. Adicione o suco de abacaxi ou laranja e coloque um palito de sorvete em pé bem no meio de cada copo. Esse palito será o cabo do seu picolé.
4. Leve os copos ao congelador por pelo menos 5 horas.
5. Retire os copos com a ajuda de um adulto e se delicie com essa receita refrescante!

Periscópio

📖 Para ler

Usando as mãos – Contando de cinco em cinco, de Michel Dahl. São Paulo: Hedra Educação, 2016.
O livro apresenta a tabuada do 5 de forma lúdica. Tem lindas ilustrações, que ajudam a desenvolver a criatividade e a espontaneidade. Usando apenas as mãos, você vai aprender a contar de 5 em 5.

Adivinhe se puder, de Eva Furnari. São Paulo: Moderna, 2010.
O que é, o que é: que quando entra na casa fica do lado de fora? Já sabe o que é? Se você gosta de charadas, vai adorar conhecer esse livro, que é uma divertida coletânea de adivinhas. As ilustrações despistam o leitor e tornam a brincadeira ainda mais engraçada!

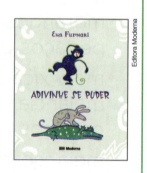

Marcelo: de hora em hora, de Ruth Rocha. São Paulo: Salamandra, 2013. Coleção Marcelo, Marmelo, Martelo.
Esse livro ensina, de maneira clara e ilustrativa, a ver as horas. Explica como e por que o tempo é dividido em pedacinhos. A leitura é cativante e desperta a curiosidade. As diversas imagens facilitam o aprendizado, tornando-o divertido e descontraído.

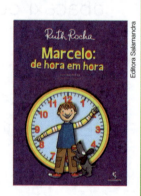

UNIDADE 8

Sim, não ou talvez?

1. Escreva em cada etiqueta a sua opinião:

existe   não existe   pode existir

171

Até 200

1. Complete o quadro com os números que faltam.

					106	107	108	109	110
111	112	113	114		116	117	118	119	120
121	122	123	124		126	127	128	129	130
131	132	133	134		136	137	138	139	140
141	142	143	144		146	147	148	149	150
151	152	153	154						
161	162	163	164		166	167	168	169	170
171	172	173	174		176	177	178	179	180
181	182	183	184		186	187	188	189	190
191	192	193	194		196	197	198	199	200

2. Complete a reta numérica com os números que faltam.

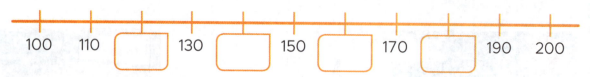

3. Observe a reta numérica a seguir:

- O ponto vermelho representa a localização do número 156. Escreva os números localizados pelos pontos:

🟢 _____   🔴 _____   🔵 _____

172

🔱 Até 1000

1. Observe este quadro de números:

10	20	30	40	50	60	70	80	90	100
110	120	130	140	150	160	170	180	190	200
210	220	230	240	250	260	270	280	290	300
310	320	330	340	350	360	370	380	390	400
410	420	430	440	450	460	470	480	490	500
510	520	530	540	550	560	570	580	590	600
610	620	630	640	650	660	670	680	690	700
710	720	730	740	750	760	770	780	790	800
810	820	830	840	850	860	870	880	890	900
910	920	930	940	950	960	970	980	990	1000

a) Pinte os números da primeira linha e da última coluna da direita. O que eles têm de parecido? E de diferente?

b) O quadro que você explorou na página anterior ia até o número 200. Esse quadro vai até que número? _____

c) De quanto em quanto aumentam os números nas colunas? E nas linhas?

_____

d) No caderno, escreva cada centena exata do quadro por extenso.

173

Fichas de números

Existem alguns materiais que usamos para representar os números. Você já conhece o Material Dourado. Agora conhecerá as fichas de números!

Esse material foi elaborado para colocarmos uma ficha sobre a outra, o que possibilita compor números de diversas grandezas. Em nosso material, porém, ficaremos apenas com as representações das centenas, dezenas e unidades.

1. Agora recorte as fichas da página 219, do **Material complementar**. Depois de observá-las, troque ideias com os colegas sobre quais dos números vocês conhecem.

2. Desenhe as fichas que representam os números a seguir.

a) setenta

b) setecentos

c) sete

3. Sabendo que você precisa sobrepor uma ficha à outra, represente os números a seguir usando as fichas recortadas.

| 129 | 37 | 208 | 345 | 783 | 89 | 555 | 461 |

174

4. Escolha três fichas e use-as para representar um número. Desenhe a representação que você fez e escreva o número por extenso.

Escrita por extenso: _____

5. Faça o que se pede.
   a) Com as fichas de números, forme o número 58 e desenhe no espaço a seguir as fichas que você usou.

   b) Forme o número 85 e desenhe no espaço acima as fichas que você usou.
   c) O que você percebeu de parecido e de diferente entre os dois números formados?

   _____

Para compor o número 456 são necessárias as seguintes fichas:

Cada algarismo que compõe um número tem um valor. Isso fica bem claro quando você usa as fichas de números.

175

◈ Comparação de quantidade

1. Observe a imagem e responda às questões.

a) O que há mais: galinhas ou pintinhos? _____

b) Quantas galinhas há no galinheiro? _____

c) Quantos pintinhos há no galinheiro? _____

d) O que é preciso fazer para que haja a mesma quantidade de galinhas e pintinhos?

e) Agrupe as galinhas de 5 em 5 e os pintinhos também de 5 em 5. Dessa maneira, sua contagem ficará mais rápida.

• Quantos grupos de galinhas você formou?

_____

• Quantos grupos de pintinhos você formou?

_____

Par ou ímpar

1. Observe a ilustração:

a) Quantas crianças aparecem na ilustração? _____

b) Agrupe as crianças de maneira que nenhuma fique de fora e que cada grupo tenha o mesmo número de crianças.

• Quantos grupos você formou? _____

• Quantas crianças ficaram em cada grupo?

_____

2. Recorte **uma** das crianças da página 221, do **Material complementar**, e coloque-a na ilustração acima.

a) Agrupe novamente as crianças, de maneira que nenhuma fique de fora.

b) O que você concluiu?

_____

_____

177

3. Recorte a outra criança do **Material complementar**, e agora coloque as duas crianças que você recortou na imagem a seguir.

a) Quantas crianças aparecem na ilustração agora?

_____

b) Agrupe as crianças, de maneira que nenhuma fique de fora e que cada grupo tenha o mesmo número de crianças.

• Quantos grupos você formou agora?

_____

_____

• Quantas crianças ficaram em cada grupo?

_____

_____

178

Quando você contou as crianças da ilustração pela primeira vez, percebeu que havia 10 crianças. Você dividiu as 10 crianças em grupos de 2 crianças cada, de maneira que nenhuma criança ficasse de fora dos grupos.

> Chamamos de **número par** qualquer número que pode ser dividido em grupos de 2 elementos cada, sem sobrarem elementos fora dos grupos.

- Então, podemos dizer que o número _____ é **par**.

Quando você recortou e colocou mais uma criança na imagem, o total de crianças passou a ser 11.

Você não conseguiu separá-las de 2 em 2, de maneira que nenhuma criança ficasse de fora, pois sobrou uma criança sozinha.

> Chamamos de **número ímpar** qualquer número que não pode ser dividido em grupos de 2 elementos cada, pois sempre sobra um elemento fora dos grupos.

- Então, podemos dizer que o número _____ é **ímpar**.

4. Agrupe as bolinhas de 2 em 2 e descubra se a quantidade indicada é par ou ímpar.

a)

	Há quantas bolinhas? _____ Quantos grupos você formou? _____	Sobrou alguma bolinha fora do grupo? ☐ Sim. ☐ Não.	Você pode concluir que o número _____ é _____.

Lilu330/Shutterstock.com

179

Ilustrações: Lilu330/Shutterstock.com

b)

	Há quantas bolinhas? _____ Quantos grupos você formou? _____	Sobrou alguma bolinha fora do grupo? ☐ Sim. ☐ Não.	Você pode concluir que o número _____ é _____.

c)

	Há quantas bolinhas? _____ Quantos grupos você formou? _____	Sobrou alguma bolinha fora do grupo? ☐ Sim. ☐ Não.	Você pode concluir que o número _____ é _____.

d)

	Há quantas bolinhas? _____ Quantos grupos você formou? _____	Sobrou alguma bolinha fora do grupo? ☐ Sim. ☐ Não.	Você pode concluir que o número _____ é _____.

e)

	Há quantas bolinhas? _____ Quantos grupos você formou? _____	Sobrou alguma bolinha fora do grupo? ☐ Sim. ☐ Não.	Você pode concluir que o número _____ é _____.

Tabuada do 3

Com o **jogo de argolas**, você aprendeu a tabuada do 2. Agora você poderá jogar uma partida com cada argola valendo 3 pontos.

1. Fabiana e Henrique continuaram a brincadeira também com as argolas valendo 3 pontos cada. Veja uma jogada deles:

Fabiana   **Henrique**

a) Quantas argolas Fabiana conseguiu encaixar?

b) Qual escrita aditiva representa a jogada de Fabiana?

c) Qual escrita multiplicativa representa essa jogada?

d) Quantas argolas Henrique conseguiu encaixar?

e) Qual escrita aditiva representa a jogada de Henrique?

f) Qual escrita multiplicativa representa essa jogada?

g) Quem ganhou essa partida? _____

h) Se você juntasse seu jogo de argolas com o de um amigo, para terem 10 garrafas e 10 argolas, quais seriam as possibilidades de pontuação? Complete o quadro para descobrir a resposta.

Quantidade de argolas encaixadas	Contagem dos pontos	Escrita multiplicativa	Pontuação
1	3	1 × 3	3
2	3 + 3	2 × 3	6
_____	3 + 3 + 3	_____ × 3	_____
_____	3 + 3 + 3 + 3	_____ × 3	_____
_____	3 + 3 + 3 + 3 + 3	_____ × _____	
6	3 + 3 + 3 + 3 + 3 + 3	_____ × 3	_____
7	3 + 3 + 3 + 3 + 3 + 3 + 3	7 × _____	_____
8	3 + 3 + 3 + 3 + 3 + 3 + 3 + 3	_____ × 3	24
9	3 + 3 + 3 + 3 + 3 + 3 + 3 + 3 + 3	_____ × 3	_____
10	3 + 3 + 3 + 3 + 3 + 3 + 3 + 3 + 3 + 3	_____ × 3	_____

Essa sequência de somas de 3 em 3 ajuda a organizar a **tabuada do 3**.

Triplo

Márcia é bibliotecária de uma escola. Ela recebeu duas caixas de livros infantis para organizá-los na biblioteca.

Você já ouviu falar em triplo?

VAMOS PARA OUTRA MESA, PORQUE A CAIXA FECHADA TEM O TRIPLO DE LIVROS.

1. Procure no dicionário o significado da palavra **triplo** e dê um exemplo de situação em que ela seja usada.

   _____

   _____

2. Sabendo que na primeira caixa havia _____ livros, quantos livros há na caixa fechada?

   Resposta: _____

   > Usamos a palavra **triplo** para expressar a ideia de que uma quantidade é 3 vezes a outra. No caso dos livros da biblioteca, é preciso calcular o triplo de 6.

Podemos expressar o triplo de 6 de duas maneiras diferentes:
- por meio de uma escrita aditiva: 6 + 6 + 6 = 18; essa maneira mostra que o 6 foi adicionado 3 vezes;

  ou
- por meio de uma escrita multiplicativa: 3 × 6 = 18; essa maneira mostra que o 6 foi multiplicado por 3.

Tabuada do 5

1. Agora vamos fazer a **tabuada do 5**.

0 × 5 =	0
1 × 5 =	5
2 × 5 =	5 + 5 = 10
3 × 5 =	___ + ___ + ___ = ___
4 × 5 =	___ + ___ + ___ + ___ = ___
5 × 5 =	___ + ___ + ___ + ___ + ___ = ___
6 × 5 =	5 + 5 + 5 + 5 + 5 + 5 = ___
7 × 5 =	5 + 5 + 5 + 5 + 5 + 5 + 5 = ___
8 × 5 =	5 + 5 + 5 + 5 + 5 + 5 + 5 + 5 = ___
9 × 5 =	5 + 5 + 5 + 5 + 5 + 5 + 5 + 5 + 5 = ___
10 × 5 =	__ + __ + __ + __ + __ + __ + __ + __ + __ + __ = ___

2. Essa sequência de somas de 5 em 5 ajuda a organizar a tabuada do 5. Complete a escrita multiplicativa.

0 × 5 = 0   ___ × 5 = ___   ___ × 5 = ___

1 × 5 = 5   ___ × ___ = 25   ___ × 5 = 45

2 × 5 = 10   ___ × 5 = ___   ___ × 5 = ___

___ × 5 = 15   7 × 5 = ___

3. O que você percebeu de interessante na **tabuada do 5**?

184

Metade e terça parte

Recorte o quadrado vermelho da página 223, do **Material complementar**, e siga as instruções para formar uma figura.

1. Dobre o quadrado unindo os dois vértices, como indica a ilustração.
2. Desdobre o quadrado. O que você observa? Quantas figuras se formaram?
3. Dobre o quadrado novamente, no mesmo lugar.
4. Dobre o triângulo formado ao meio e desdobre-o. Você fará isso somente para encontrar o meio da figura.
5. Dobre os vértices para cima, como mostra a ilustração ao lado.

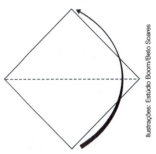

Dobre ao meio

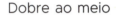

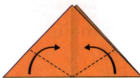

6. Para terminar, dobre os vértices da figura para trás a fim de dar-lhe acabamento, como mostram as imagens à esquerda.

• Você já sabe que figura formou com a dobradura?

Quando sua dobradura estiver pronta, cole-a em uma folha e complete o desenho. Capriche!

> Ao realizar a primeira dobra, podemos dizer que você dobrou ao **meio** ou na **metade** da folha.

• O que significa dobrar ao meio ou na metade?

185

1. Pinte a metade de cada quantidade.

Quantos lápis você pintou? _____	Quantos apitos você pintou? _____
A metade de 12 é _____.	A metade de 8 é _____.

Observe a fala ao lado:

Usamos com frequência as expressões **meia** e **meio** quando lemos horas.

EU ESTUDO À TARDE. PARA CHEGAR NA ESCOLA A TEMPO PRECISO SAIR DE CASA AO MEIO-DIA.

2. Você aprendeu a representar com números a escrita de meio-dia e meia-noite. Então, sabendo que um dia tem 24 horas, concluímos que falar "meio-dia" ou "meia-noite" é a mesma coisa que dizer _____ horas.

3. Você já sabe que, para encontrar a metade de um quadrado, basta dobrá-lo ao meio. Seu desafio agora é descobrir como dobrar uma folha de papel em 3 partes iguais. Atenção: as 3 partes do papel precisam ser exatamente de mesmo tamanho!

• Quantas figuras você encontrou? _____

Podemos afirmar que, ao dobrar a folha em 3 partes iguais, cada pedaço dela corresponde à **terça parte** da folha toda.

 **Cálculo mental**

Veja como Rafael fez para calcular 26 + 33:

26 + 33 =
20 + 6 + 30 + 3 =
50 + 9 = 59

1. Calcule como Rafael.

a) 24 + 15 =   25 + 16 =   26 + 17 =

b) 25 + 62 =   26 + 63 =   27 + 64 =

• Observe o resultado dos cálculos. O que você percebeu?

Tiago tem uma estratégia para calcular mentalmente a subtração 58 − 23. Observe:

PARA CALCULAR 58 − 23, MANTENHO 58 NA CABEÇA E PENSO QUE, PARA TIRAR 23, É MAIS FÁCIL TIRAR PRIMEIRO 20 DE 58, QUE FICARÁ 38. 58 − 20 = 38

AGORA É SÓ PENSAR EM 38 − 3, QUE FICOU FALTANDO DO 23. ENTÃO 38 − 3 = 35.

LOGO, 58 − 23 = 35.

187

Pode acontecer ou não pode acontecer?

1. Observe as situações e contorne aquelas que podem acontecer.

2. Converse com os colegas e o professor sobre as situações acima.

3. Converse também a respeito de "situações que podem" e de "situações que não podem" acontecer no cotidiano.

4. Faça desenhos para representar uma situação que pode acontecer e uma situação que não pode acontecer.

Situação que pode acontecer	Situação que não pode acontecer

Divisão

1. Pegue o material do jogo **placas e bolinhas**, que você usou na Unidade 7, e faça o que se pede. Depois, desenhe bolinhas nas placas abaixo para mostrar como você fez para encontrar cada resultado.

a) Distribua igualmente 9 bolinhas em 3 placas. Quantas bolinhas ficaram em cada placa? _____	
b) Distribua igualmente 12 bolinhas em 4 placas. Quantas bolinhas ficaram em cada placa? _____	
c) Distribua igualmente 6 bolinhas em 2 placas. Quantas bolinhas ficaram em cada placa? _____	
d) Distribua igualmente 15 bolinhas em 5 placas. Quantas bolinhas ficaram em cada placa? _____	

Ilustrações: DAE

Para repartir igualmente as bolinhas pelas placas, você fez uma **divisão**. O sinal que utilizamos para representar a operação de divisão é ÷.

Assim temos, por exemplo, $15 \div 5 = 3$. Devemos ler: "Quinze dividido por cinco é igual a três".

189

2. Divida igualmente:

a) as estrelas em 2 grupos;

• Escreva a divisão: _____.

b) os laços em 3 grupos;

• Escreva a divisão: _____.

c) os carrinhos em 4 grupos.

• Escreva a divisão: _____.

Ilustrações: Carlos Jorge

3. Gabriela usou as bolinhas do jogo para determinar a metade e a terça parte de vários números.

a) Por que ela não conseguiu encontrar a metade e a terça parte do número 11?

_____

_____

b) E se ela tivesse usado as peças do Material Dourado? Conseguiria? Explique como você pensou.

_____

_____

> Em uma divisão, o resultado é chamado de **quociente**.

4. Escreva no caderno um bilhete contando para alguém que mora com você o que você aprendeu sobre a operação da divisão.

190

Medidas de capacidade

Misturas deliciosas!

Você já experimentou misturar duas ou mais frutas para fazer um suco? Então veja estas receitas:

Suco de laranja com maçã

1. Esprema laranjas e faça um copo de suco.
2. No liquidificador, com a ajuda de um adulto, bata 2 maçãs com o suco de laranja. Se quiser, acrescente algumas pedras de gelo e bata tudo novamente. Está pronto para beber.

Suco de goiaba com maçã

1. Bata no liquidificador 2 goiabas maduras com 1 maçã grande e 5 copos com água.
2. Se necessário, adoce e coloque gelo. Está pronto para beber.

1. Carla fez o suco de goiaba com maçã e serviu para os colegas.

   • Contorne na ilustração as crianças que estão com o copo cheio e marque com um X as crianças que estão com o copo vazio.

2. Converse com os colegas e o professor sobre o que significam as palavras **cheio** e **vazio**.

191

3. Compare estes copos:

- Observe o que está cheio de suco. Você consegue despejar todo o conteúdo dele em um dos copos vazios? O que você acha que acontecerá?

4. Onde cabe mais? Pegue uma garrafa PET de 1 litro vazia. Verifique quantos copos de água são necessários para enchê-la. Faça um desenho dessa atividade.

> Para medir a quantidade de líquido que cabe em um recipiente, usamos o **litro (L)** ou o **mililitro (mL)** como unidades de medida.
> **Um litro** é o mesmo que **mil mililitros**.
> **Um mililitro** corresponde a **um centímetro cúbico (cm³)**.
> Então, em **um litro**, temos **mil centímetros cúbicos**.

5. Recorte de jornais e revistas imagens de produtos que compramos por **litro (L)** ou **mililitro (mL)**. Cole-as aqui.

6. Estime a capacidade de cada recipiente e ligue-os às medidas adequadas a eles.

As imagens não estão representadas em proporção.

mais de 1 litro

menos de 1 litro

1 litro exatamente

193

Estimar e medir comprimentos

Observe a brincadeira e o diálogo.

1. O que você acha que aconteceu? Converse com os colegas a respeito.

2. Você já brincou de **andando sobre a figura**? Aprenda ou recorde com o professor como é essa atividade.

3. Depois de brincar, responda:
   a) Quantos passos você deu em cada lado da figura plana? _____
   b) Pergunte a um colega quantos passos ele deu. Foram menos ou mais passos que você? _____

4. Usando um instrumento de medida padronizado, é possível descobrir a medida dos lados da figura em que você andou? Vamos medir? Qual foi a medida? _____ cm

5. Será que conseguimos medir os lados da sala de aula? Qual será o melhor instrumento de medida para fazer isso?

a) Faça uma estimativa da medida de cada um dos lados do comprimento da sala de aula e registre a medida estimada.

_____

b) Junte-se a dois colegas e façam a medição para conferir. Registrem o resultado.

_____

c) Como foi a estimativa de cada um de vocês?

_____

6. Estime a medida do lado de cada figura a seguir e depois, usando a régua, descubra a medida real deles.

a)

Estimativa: _____

Medida real: _____

c)

Estimativa: _____

Medida real: _____

b)

Estimativa: _____

Medida real: _____

d)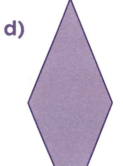

Estimativa: _____

Medida real: _____

7. Você já aprendeu que 1 metro (m) tem 100 centímetros (cm). Ou seja, precisamos de 100 cm para ter 1 metro.

Veja a representação de 1 cm:

Agora observe esta imagem:

a) O que a torna diferente da anterior?

_____

b) Cada espaço desse representado na imagem anterior é maior, igual ou menor que um centímetro?

_____

> O **milímetro (mm)** é uma unidade de medida menor que o centímetro. Precisamos de 10 mm para ter 1 centímetro.
>
> Precisamos de 1000 mm para ter 1 metro. Daí vem o nome **milímetro**.

Ilustrações: DAE

8. Veja quantos milímetros têm as figuras que você mediu na atividade 6. O resultado da medição será maior ou menor do que o resultado que você encontrou quando mediu em centímetros? Por quê? Como você fez para medir em milímetros?

_____

9. Estime e depois meça em milímetros:

a) o comprimento de um clipe; _____

b) o comprimento de uma borracha. _____

• Existe algum objeto menor que um clipe para você

medir na sala de aula? _____

Coleção de problemas

1. Complete o problema com as informações que faltam. Use as palavras dos quadros. Depois, resolva o problema.

balões	festa	trinta	triplo	oito

Ana Luíza está completando _____ anos neste mês.

Sua mãe preparou uma _____ surpresa. Ela encheu

_____ balões verdes e o _____ dessa quantidade de balões azuis, porque é a cor preferida de

Ana Luíza. Quantos _____ ela encheu para a festa?

Resposta: _____

2. A turma de Giovane está brincando de pega-pega. Se há 31 crianças na turma dele, quantas crianças foram pegas?

- Reescreva o problema acrescentando a parte que falta para ser possível resolvê-lo e responder à pergunta.

_____

_____

_____

Resposta: _____

197

Retomada

1. Pinte, no quadro numérico, os números:

   a) pares, de amarelo;
   b) ímpares, de verde.

151	152	153	154	155	156	157	158	159	160
161	162	163	164	165	166	167	168	169	170
171	172	173	174	175	176	177	178	179	180
181	182	183	184	185	186	187	188	189	190
191	192	193	194	195	196	197	198	199	200

2. Observe a reta numérica abaixo e o quadro numérico acima e responda:

   a) Quais números entre 100 e 130 representam dezenas exatas? _____

   b) Quais números estão entre 110 e 120?

   _____

   c) Para responder ao item **a**, você observou a reta numérica ou o quadro numérico? _____

   d) Para responder ao item **b**, você observou a reta numérica ou o quadro numérico? _____

• Converse com os colegas e o professor sobre as escolhas feitas por você entre o quadro numérico e a reta numerada.

3. Complete as multiplicações.

2 × 2 = _____

3 × 2 = _____

5 × 2 = _____

8 × 2 = _____

10 × 2 = _____

1 × 3 = _____

4 × 3 = _____

6 × 3 = _____

7 × 3 = _____

9 × 3 = _____

4. Escreva:

a) o **dobro** de cada número;

- 4 → _____
- 5 → _____
- 6 → _____

b) o **triplo** de cada número.

- 7 → _____
- 10 → _____
- 11 → _____

5. Para compor o número 624, você precisará de quais fichas? Represente-as.

☐ ☐ ☐   ☐ ☐   ☐

6. Resolva as adições e as subtrações.

a) 42 + 23 = _____

```
    4 | 2
+   2 | 3
  _____
```

b) 96 − 16 = _____

```
    9 | 6
−   1 | 6
  _____
```

Periscópio

📖 Para ler

O mistério dos números perdidos, de Michael Thomson. São Paulo: Melhoramentos, 2006.
O livro, de forma divertida, ensina a resolver problemas numéricos. A cada resposta certa, o leitor avança para outra etapa, com novo mistério para solucionar. Há vários e divertidos desafios, que transformam a leitura em um jogo estimulante e muito intrigante.

A origem dos números, de Majungmul. Tradução de Jiwon Lee. São Paulo: Callis, 2010. Coleção Tan Tan.
Como os numerais nasceram? Os povos antigos já sabiam registrar a contagem? Com esse livro você vai descobrir a história da origem dos números e conhecer as diferentes formas de representação numérica que já existiram.

Multiplicação divertida com Ana Formiga, de Vicki Churchill e Charles Fuge. Tradução de Flavio de Souza. São Paulo: FTD, 2012.
Ana é uma formiga trabalhadeira e determinada. Ela quer construir a maior e mais maravilhosa casa da vizinhança. Para esse propósito ela quer tudo em dobro: pedras, folhas, gravetos e, claro, ajudantes. A obra traz de forma lúdica as primeiras noções de multiplicação.

Referências

ABRANTES, P. et al. *A Matemática na Educação Básica*. Lisboa: Ministério de Educação/Departamento de Educação Básica, 1999.

BARBOSA, Ana Mae. Arte-educação no Brasil: realidade hoje e expectativas futuras. Tradução Sofia Fan. *Estudos Avançados*. Banco de Textos do Projeto Arte na Escola nº 6/1993, p. 178.

BRASIL. Ministério da Educação. Secretaria de Educação Média e Tecnológica. *Parâmetros Curriculares Nacionais*: Ciências da Natureza e suas Tecnologias. Brasília: MEC, 2002.

CROWLEY, M. L. O modelo van Hiele de desenvolvimento do pensamento geométrico. In: LINDQUIST, M. M.; SHULTE, A. P. (Org.). *Aprendendo e ensinando Geometria*. São Paulo: Atual Editora, 1994.

GÓMEZ, A. I. P; SACRISTÁN, J. G. *Compreender e transformar o ensino*. Porto Alegre: Artmed, 1998.

HERNÁNDEZ, F. *Cultura visual, mudança educativa e projeto de trabalho*. Porto Alegre: Artmed, 2000.

HOFFER, A. Geometria é mais que prova. Trad. Antonio Carlos Brolezzi. *Mathematics Teacher*, NCTM, v. 74, p.11-18, jan. 1981.

LARROSA, Jorge. *Linguagem e educação depois de Babel*. Belo Horizonte: Autêntica, 2004.

LÉGER, F. *Funções da pintura*. São Paulo: Nobel, 1989.

MACHADO, N. J. *Epistemologia e didática*: as concepções de conhecimento e inteligência e a prática docente. São Paulo: Cortez Editora, 1995.

_____. *Matemática e língua materna*: uma impregnação essencial. São Paulo: Cortez Editora, 1990.

MARTINS, M. C.; PICOSQUE, G. *Mediação cultural para professores andarilhos na cultura*. São Paulo: Editora Intermeios, 2012.

MARTINS, M. C.; PICOSQUE, G.; GUERRA, M. T. T. *Teoria e prática do ensino de Arte*: a língua do mundo. São Paulo: FTD, 2010.

MERLEAU-PONTY, M. *A prosa do mundo*. São Paulo: Cosac Naify, 2012.

PENA-VEGA, A.; ALMEIDA, C. R. S.; PETRAGLIA, I. *Edgar Morin*: ética, cultura e educação. São Paulo: Cortez Editora, 2001.

SMOLE, K. S. S. *A Matemática na Educação Infantil*: a teoria das inteligências múltiplas na prática escolar. Porto Alegre: Artmed, 2000.

_____.; DINIZ, M. I. (Org.). *Ler, escrever e resolver problemas*: habilidades básicas para aprender Matemática. Porto Alegre: Artmed, 2001.

_____.; DINIZ, M. I.; CÂNDIDO, P. T. *Brincadeiras infantis nas aulas de Matemática*. Porto Alegre: Artmed, 2000.

_____.; DINIZ, M. I.; CÂNDIDO, P. T. *Figuras e formas*. Porto Alegre: Artmed, 2003.

_____.; DINIZ, M. I.; CÂNDIDO, P. T. *Resolução de problemas*. Porto Alegre: Artmed,1999.

_____.; DINIZ, M. I.; CÂNDIDO, P. T. *Cadernos do Mathema*: jogos de Matemática do 1º ao 5º ano. Porto Alegre: Artmed, 2003.

_____.; CÂNDIDO, P. T. Conexões no ensino-aprendizagem de Matemática. In: Encontro Nacional de Educação Matemática, X, 7-9 jul. 2002. Parte integrante do texto apresentado como justificativa para o minicurso de Geometria, Literatura e Arte.

VAN DE WALLE, J. A. *Matemática no Ensino Fundamental*: formação de professores e aplicação em sala de aula. Porto Alegre: Artmed, 2009.

VAN HIELE, P. M. *El problema de la comprensión*: en conexión con la comprensión de los escolares en el aprendizaje de la Geometría. Utrecht, 1957. 151 f. Tese (Doutorado em Matemática e Ciências Naturais) – Universidade Real de Utrecht.

VELOSO, E. *Geometria*: temas actuais – materiais para professores. Lisboa: Instituto de Inovação Educacional, 1998.

VIGOTSKY, L. S. *Pensamento e linguagem*. 3. ed. São Paulo: Martins Fontes, 2005.

Material complementar

Página 15 – Tabuleiro de números

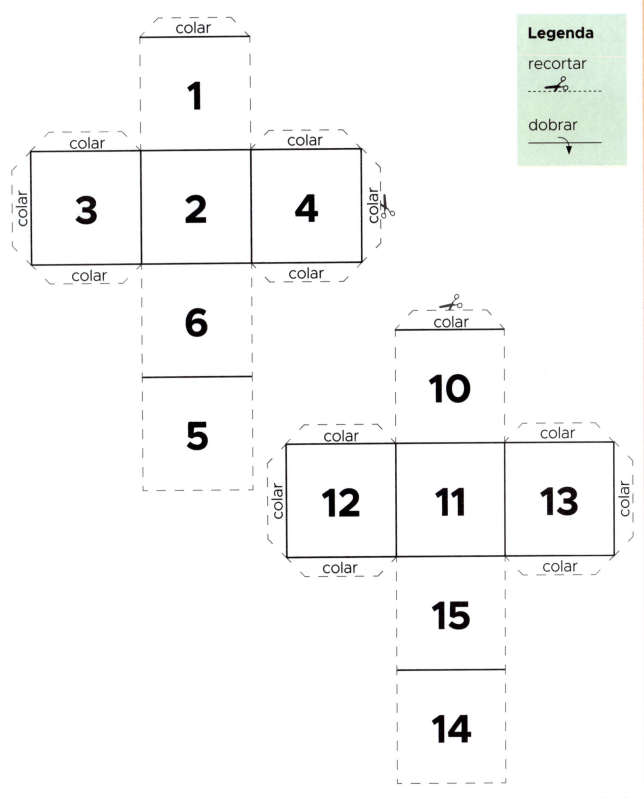

203

Página 75 – Nosso dinheiro

205

Página 75 – Nosso dinheiro

207

Página 80 – Quem é maior?

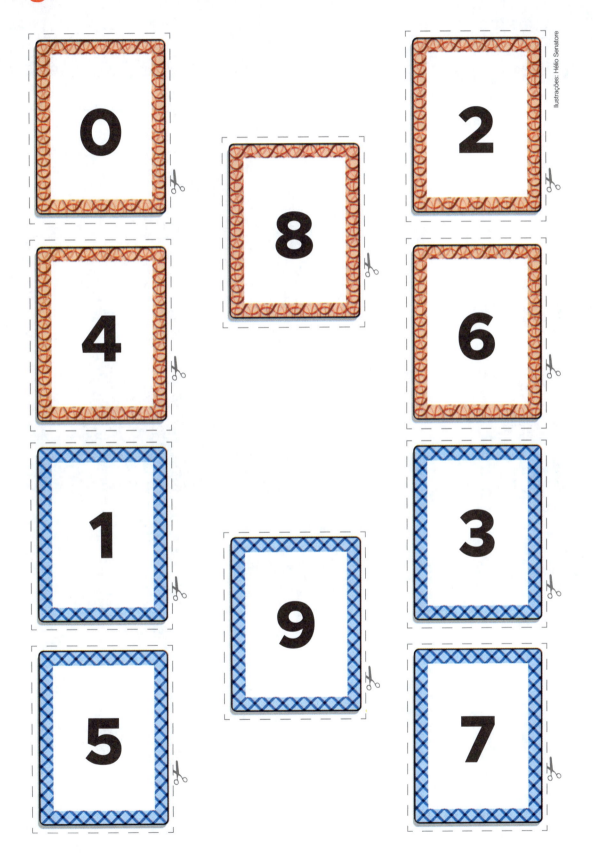

Página 96 – Partes de uma caixa

Página 114 – Envelope

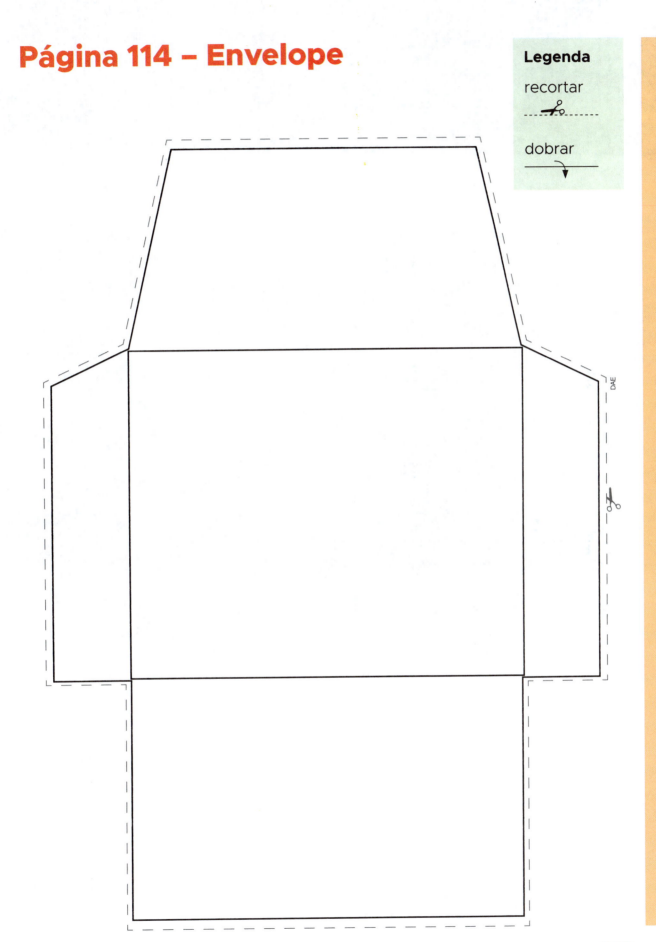

Legenda

recortar

dobrar

Página 114 – Material Dourado

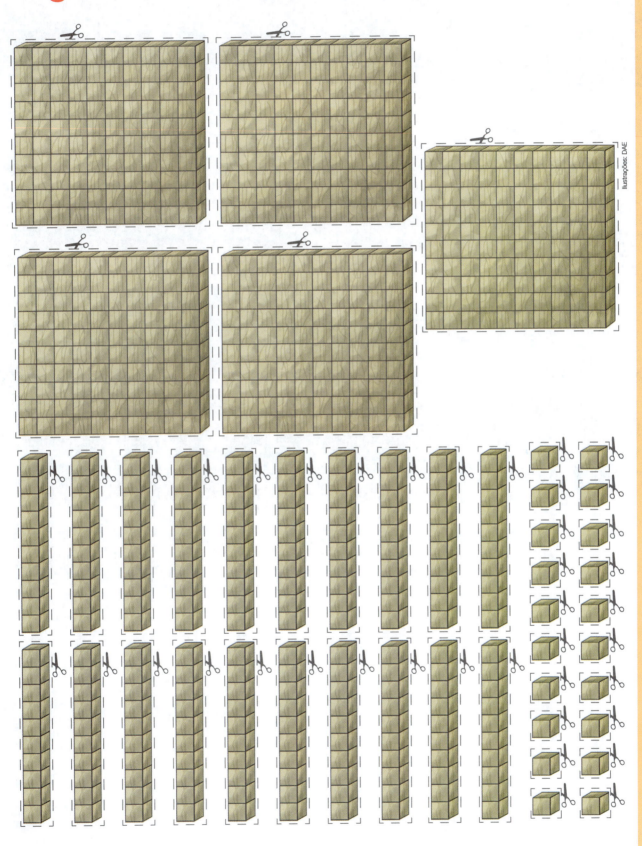

Página 153 – Placas e bolinhas

Página 174 – Fichas de números

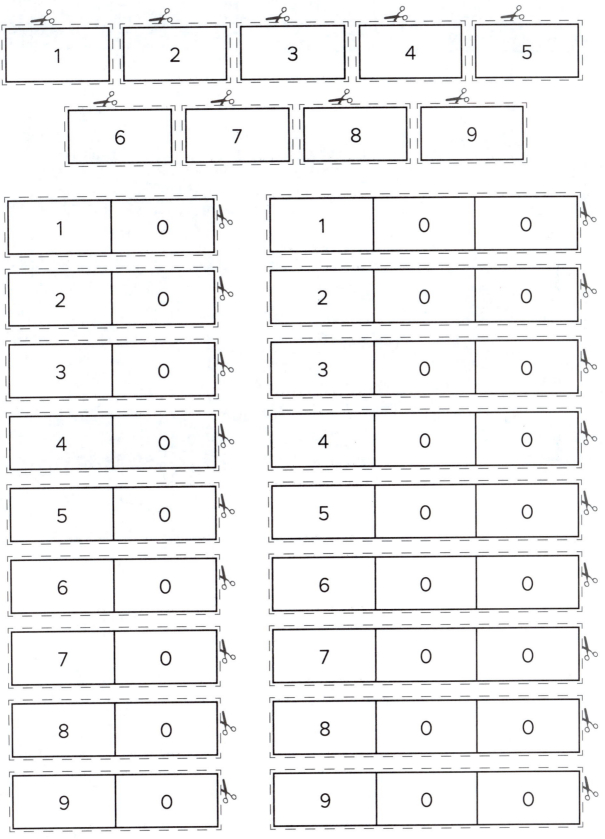

219

Página 177 – Par ou ímpar?

Página 185 – Dobradura